성공하는 경제

이 도서의 국립중앙도서관 출판시도서목록(CIP)은 서지정보유통지원시스템 홈페이지(http://seoji.nl.go.kr)와
국가자료공동목록시스템(http://www.nl.go.kr/kolisnet)에서 이용하실 수 있습니다.(CIP제어번호: CIP2013022138)

대한민국의 미래선택
성공하는 경제

초판 1쇄 인쇄 | 2013년 11월 5일
초판 3쇄 발행 | 2013년 12월 11일

지은이 | 권혁세
펴낸이 | 이기동
고문 | 우득정
편집주간 | 권기숙
마케팅 | 유민호 이동호
주소 | 서울특별시 성동구 아차산로 7길 15-1 효정빌딩 4층
이메일 | previewbooks2@daum.net
블로그 | http://blog.naver.com/previewbooks

전화 | 02)3409-4210
팩스 | 02)3409-4201
등록번호 | 제206-93-29887호

교열 | 이민정
디자인 | design86박성진
인쇄 | 상지사 P&B

ⓒ 권혁세 도서출판 프리뷰 2013
ISBN 978-89-97201-13-6 03320

—— 대한민국의 미래 선택 ——

성공하는 경제

Path to Successful
Korean Economy

권혁세 지음

도서
출판 프리뷰

글 싣는 순서

다가오는 위기와 기회들
새로운 패러다임으로 대비하자

공직생활을 33년간 하면서 한 번도 책을 쓸 여유를 가져보지 못했다. 언제 위기가 아닌 적이 있었는지 기억이 나지 않을 정도로 하루하루가 맡은 일을 소화해 내기에도 벅찬 고된 행군의 연속이었다. 한국 경제도 지난 30여 년 동안 내 공직생활처럼 하루도 편한 날 없이 숨가쁘게 달려온 것 같다. 세계 경제가 요동을 칠 때면 어김없이 한국 경제라는 자그마한 섬에 제일 먼저 험한 파도가 밀려왔고, 때론 쓰나미가 되기도 했다.

한국 경제에는 매년 연례행사처럼 태풍이 지나갔다. 태풍이 지날 때마다 국민들은 가슴을 졸였고, 정부는 국민들에게 재난에 대비해 신발끈을 동여맬 것을 호소했다. 힘든 세월을 인내와 땀, 희생으로 극복한 덕에 한국 경제는 '한강의 기적'이라는 세계인의 찬사를 받아 왔다.

한국의 오늘이 있기까지 우리는 50여 년이란 단기간에 세계사에 길이 남을 가장 드라마틱한 압축 성장의 신화를 만들어냈다. 주연은 단연 국민들이었고, 나 같은 경제 관료들도 조연으로 참여했다. 지난 세월을 돌이켜보면 6.25 전쟁의 폐허 위에 주린 배를 움켜쥐고 오직 잘 살아 보자는 정신 하나로 오늘의 한국을 일구어냈다.

한국 경제가 고속으로 질주하던 시절 우리 모두는 힘든 가운데서도 열심히 노력하면 잘 될 것이라는 희망이 있었다. 언젠가는 내 집을 마련할 수 있고 좋은 직장에 취업해서 단란한 가정을 꾸릴 수 있다는 미래의 꿈이 있었다. 때론 개천에서 용이 나는 신분 상승을 꿈꿀 수도 있었다. 그러나 고속 성장은 신화 속 이야기가 되어 사라진 것인지, 아니면 한국 경제를 이끌어 온 헝그리 정신이 망각된 것인지 선진국 문턱에 선 한국 경제에 과거에 보지 못했던 먹구름들이 몰려오고 있다.

추락하는 잠재성장률과 몇 년째 2%대에 머물고 있는 실질성장률, 저출산과 고령화로 인한 생산가능인구 감소, 선진국에 비해 낮은 노동생산성과 서비스산업 생산성, 감당하기 힘들 정도로 커진 가계부채, 끝이 보이지 않는 부동산시장 침체, 내수 부진과 경쟁력 약화로 부도 위기에 몰린 자영업자와 중소기업들, 일자리를 내모는 노동시장 경직성, 갈수록 좁아지는 청년 취업의 문, 무너지는 중산층과 날로 늘어나는 빈곤 노인들, 그리고 희망을 잃어가는 젊은 세대들, 수차례의 금융위기로 심화되고 있는 양극화와 사회 갈등…. 우리 앞으로 다가오는 이러한 먹구름들은 언제 폭우로 돌변할지 모른다.

이미 하늘 저편에서는 간간이 천둥을 동반한 번개가 치며 우리에게 위험신호를 보내고 있다. 하지만 다가올 재난을 국민에게 알리고 제방을 쌓는 데 앞장서야 할 정부는 주도권 다툼에만 골몰하고 있는 정치권에 발목이 잡혀 안타까운 모습을 보이고 있다.

지난 세월 수출 한국의 대표선수로 뛰었던 대기업들은 경제민주화라는 이름의 채찍에 잔뜩 움츠려 있고, 이들을 대신해 세계무대에서 뛰어야 할 후보 선수들은 아직 벤치 신세를 벗어나지 못하고 있다.

앞으로 한국 경제에 드리워진 먹구름에 슬기롭게 대처하지 못하면 잃어버린 20년을 겪은 이웃 일본의 고통스런 행로를 뒤따라 갈 수도 있다는 이야기가 새삼 설득력 있게 들리는 이유다.

한국 경제를 둘러싼 세계 경제의 흐름도 결코 우호적이지 않다.

미국이 양적완화를 축소할 경우 예상되는 신흥국의 자금 이탈과 이로 인한 신흥국의 경제위기 확산은 이들 국가에 대한 수출과 투자 비중을 높여 온 우리 경제에 무거운 짐으로 떠넘겨질 가능성이 높다. 게다가 일본의 양적완화 정책인 '아베노믹스' 정책은 성패 여부에 상관없이 우리 경제에 부담으로 작용하고 있다.

우리 경제와 가장 밀접한 관계에 있는 중국도 한국 경제에는 '양날의 칼'과 같다. 중국은 한국 전체 수출의 24%를 차지하고 있어 중국의 중산층이 빠른 속도로 증가하면 우리 경세에는 축복이 될 수 있지만, 중국 경제가 '그림자 금융'(shadow banking)과 부동산 버블 붕괴로 경착륙하게 되면 우리 경제에 미칠 부정적인 영향은 상상을 초월한다.

우리의 주요 수출산업이 중국과 대부분 경합하는 상황에서 일부 업종에서 일본이 우리에게 추월당한 것처럼 우리도 중국의 하드파워와 소프트웨어 경쟁력에 추월당할 가능성이 있다.

최근 미국과 유럽의 경제가 부동산 시장을 중심으로 회복세로 전환되고 있다지만 과도한 재정적자, 디레버리징(부채감축)에 따른 소비 위축, 인구구조의 고령화 등으로 근본적인 회복에는 한계가 있다는 지적이 많다. 세계적인 경제예측 전문가인 해리 덴트 박사는 앞으로 10년간 세계 경제가 디플레이션 시대를 겪을 것이라고 전망했고, 영국의 권위 있는 경제 전문지인 이코노미스트도 최근 해리 덴트와 마찬가지로 신흥국가들의 구조적인 성장둔화 전환으로 세계 경제의 '대감속시대'(Age of Great Deceleration) 도래를 예고했다.

수출에 의존하고 있는 우리로서는 우울한 전망이 아닐 수 없다.

글로벌 금융위기 이후 세계와 한국은 그동안 성장의 견인차 역할을 해온 자본주의 경제 시스템의 위기를 겪고 있다. 2012년 스위스 다보스 포럼에서 클라우스 슈바프 세계경제포럼(WEF) 회장은 "지금의 자본주의 시스템과 그를 기반으로 한 경제학은 위기에 직면했으며 세계는 새로운 자본주의 모델을 제시해 줄 사람을 원한다."고 선언했다.

《자본주의 4.0》의 저자 아나톨 칼레츠키는 개인의 이기심에 기반을 둔 자본주의를 사회적 공익과 접목시켜 정부와 시장이 효율적 상호작용을 하도록 해야 한다고 조언했다. 《공감의 시대》의 저자인 제레미 리프킨은 새로운 경제 시스템은 이기적 경쟁보다 이타적 협업을 추구하되 적자생존과 부의 집중 대신 분산 네트워크를 기반으로 윈·윈을 추구해야 한다며 '공감 자본주의'를 주창했다.

우리 경제와 사회도 몇 차례 금융위기를 겪으면서 양극화가 심화되고 역동성이 사라지고 있다. 공정하지도 정의롭지도 않다는 인식이 확산되면서 젊은이들이 희망을 잃어가는 소위 '하류사회' 현상이 급속히 확산되고 있다. 이러한 현상은 그동안 한국 경제의 고도성장을 이끌어 온 경제 시스템이 더 이상 작동되기 어렵다는 점을 시사한다.

따라서 이제는 국가와 기업, 가계 모두 낡은 옷을 버리고 새로운 옷으로 갈아입을 때가 되었다. 경제 운영의 패러다임(paradigm)과 국가 운영의 거버넌스(governance)를 바꾸어야만 활력을 잃고 늙어가는 한국 경제의 병을 치유할 수 있다.

지난 50여 년 동안 앞만 보고 달려온 과정에서 애써 외면했던 국민의 복지와 사회안전망을 확충해서 성장과 복지의 선순환을 도모해야 하며, 대기업 위주의 성장 정책으로 인해 파괴된 시장경쟁 질서와 경제 생태계를 복원시켜 대기업과 중소기업이 공정하게 경쟁하고 실패자도 재도전할 수 있는 열린 시장을 만들어 혁신적이고 창조적인 기업과 경제가 활성화되도록 해야 한다.

제2의 외환위기를 막기 위해 경상수지 흑자 기조를 지속적으로 유지하고 가계 · 기업 · 정부 · 공기업 등 국가 전반의 부채를 관리하는 위기관리 시스템을 가동해야 한다. 창조경제를 축으로 하는 새로운 경제 시스템이 가동되려면 무엇보다도 공공 부문의 개혁이 선행돼야 한다.

손톱 밑의 가시 제거나 신발 속의 돌멩이 제거 수준을 넘어 관료주

의의 종언과 과거 시대와의 단절을 고하는 덩어리 규제 완화가 이루
어져야 한다.

변화와 개혁은 중앙정부는 말할 것도 없고 지방정부에서도 이루어
져야 한다. 중앙정부와 지방정부의 협력 없이는 정책의 효과를 기대
하기 어렵고 지방경제의 활성화도 도모할 수 없다. 우리는 지금 서
울이 변해야 대한민국이 바뀌고 국가 경쟁력이 높아지는 도시 경쟁
시대에 살고 있다.

미래에 대비하는 세제 및 재정 개혁도 시급한 과제다. 위험과 도전
정신에 바탕을 둔 창조경제가 꽃피우려면 낙오된 자를 보듬어 안을
수 있는 사회안전망이 제대로 구축되어야 한다. 증세 없는 복지가
현실적으로 불가능한 상황에서 증세에 앞서 국민적 공감대를 형성
하면서 세제와 재정 개혁을 추진해야 한다.

《십년 후 미래》(Outrageous Fortunes)의 저자인 미국 하버드대
대니얼 앨트먼 교수는 "사회적 관습, 경쟁문화, 정치수준 등 한 국가
의 경제적 토대를 구성하는 딥 팩터(Deep Factor)가 향후 수십 년
또는 한 세기 동안 경제성장의 잠재력을 결정한다."고 주장했다. 일
본이 한때 세계 2위의 경제 강국으로 부상했으나 미국과 같은 슈퍼
파워에 이르는 마지막 고비를 넘기지 못하고 추락한 이유가 바로 딥
팩터를 변화시키지 못했기 때문이다.

선진국의 문턱에 바짝 다가선 한국이 도약하느냐 주저앉느냐의
관건도 딥 팩터의 개혁 여부에 달려 있다 해도 지나친 말이 아니다.
한국 경제를 뒤덮은 먹구름 속에 출범한 박근혜 정부는 성장과 복

지, 그리고 재정건전성 유지라는 다소 상충되는 세 마리 토끼를 동시에 잡아야 하는 힘든 과제를 안고 있다. 과제를 성공적으로 수행하려면 정치권을 포함해 모든 경제 주체들이 우리 경제의 현실을 보다 냉철히 직시하고 소통을 통해 공감하며 머리를 맞대고 지혜를 짜내야 한다.

그러나 우리 주위를 둘러보면 위기의 상시화로 인해 위기불감증이 사회 곳곳에 만연되어 있고, 위기를 적극적으로 알리고 선제적으로 대응해야 할 정치권과 정부는 위기를 해결할 아까운 기회를 놓치고 있다.

내가 이 책을 쓰게 된 동기는 지난 30여 년 간의 공직 경험을 바탕으로 좀 더 객관적이고 냉철한 눈으로 우리 경제가 처한 상황과 미래의 문제들을 짚어보고 함께 고민해 보자는 취지에서다.

그러나 의욕과 달리 글을 쓰면 쓸수록 글쓰는 시간보다 글쓰기 위해 책을 읽는 데 더 많은 시간을 할애할 수밖에 없었다. 글을 쓰는 동안 많은 번민과 고통이 따랐지만 새로운 지식을 접하고 산만했던 생각을 체계적으로 정돈할 수 있어 나름의 보람도 느낄 수 있었다.

그런 과정에서 2012년부터 시작한 페이스북을 통한 글쓰기가 많은 도움이 되었다. 페이스북은 내가 금융감독원장이던 2011년 가을부터 시작한 '캠퍼스 금융토크'를 계기로 젊은 대학생들과 경제문제에 대한 소통을 하기 위해 시작했다. 이 경험이 이번에 책을 쓰는 데 용기와 자신감을 주었고, 책에 언급된 많은 내용들도 사실 이때 주고받은 이야기들이 단초가 되었다. 또한 일부 내용들은 최근 언론에 기고했던 것들이다.

책에 나오는 70여 개의 경제 이슈와 정책 제안들은 전혀 새로운 것이 아니다. 언론이나 정부 발표를 통해 독자들이 이미 알고 있는 것들이고, 이에 대비하고 있는 경제 주체들도 있을 것이다. 그러나 책을 통해 다시 한 번 문제를 상기시키고 생각을 정리함으로써 더 많은 사람들이 공감하고 지혜를 짜내는 데 조금이라도 도움이 되었으면 하는 것이 나의 소박한 희망이다.

그동안 보잘 것 없는 책을 써나가는 과정에서 주변에 있는 많은 분들의 도움이 있었다. 망설이던 나에게 용기를 내어 책을 쓰라고 권하고 항상 격려와 조언을 아끼지 않은 친구들과 금토포럼 회원들, 그리고 원고를 정성스럽게 타이프하고 교정을 봐 준 윤향미씨, 글솜씨가 부족한 내 글을 꼼꼼히 읽고 지도해 준 우득정 전 서울신문 논설위원과 책 출간에 애써 준 도서출판 프리뷰 가족들에게도 감사의 말을 전하고 싶다.

그리고 책을 쓰느라 금융감독원장에서 물러난 2013년 3월 중순 이후 변변한 여행도 가지 못하고, 함께 여유로운 시간을 보내지도 못한 사랑하는 아내와 가족에게 미안함과 고마움을 담아 이 책을 바친다.

2013년 11월

광화문에서 권 혁 세

Part

01

한국 경제의
우울한 자화상

우리 국민들은 지금 이전에 한 번도 겪어보지 못했던 전인미답의 길로 들어서고 있다. 이 길은 지난 수십 년 동안 고도성장이 남긴 후유증으로 갈등의 골이 깊게 패여 있고, 미래의 불안이 실루엣처럼 펼쳐지는 험난한 길이다. 선진국 진입을 눈앞에 두고 한국 경제에 몰려오는 먹구름들은 조만간 폭우와 돌풍으로 바뀌어 우리 경제와 국민들을 엄청난 혼란과 고통으로 몰아넣을 수 있다. 하루 빨리 제방을 쌓고 재난에 대비하지 않으면 잃어버린 20년의 고통을 겪은 일본처럼 이정표를 잃고 방황하게 될지도 모른다.

한국 경제에 몰려오는 먹구름들

제대로 대처 못하면 잃어버린 20년 겪은
일본 전철 밟을 수도

한 국은 제2차 세계대전 이후 개발도상국 중에서 경제발전과
정치 민주화를 동시에 달성한 유일한 국가다. 국제통화기금
수석부총재를 역임한 앤 크루겔 스탠퍼드대 교수는 20세기의 두 가
지 기적으로 이스라엘의 독립과 한국의 선진국 진입을 꼽았다.

지난 수십 년 동안 개도국에서 선진국으로 진입하는 과정에서 가
장 모범적인 성공 모델을 보여줬다는 찬사를 받아 온 한국 경제를
둘러싸고 근래 들어 우울한 전망이 서서히 고개를 들고 있다. 아직
까지 대부분의 외국 투자자와 국제기구, 외국의 경제전문기관들은
제조업을 중심으로 한 탄탄한 수출경쟁력, 높은 교육수준, 잘 훈련
된 인력, 안정된 무역구조, 건실한 재정건정성, 높은 IT 인프라 수준
등을 근거로 한국 경제의 저력과 역동성에 후한 점수를 주고 있다.

하지만 한국 경제의 속살을 조금만 들여다 보면 그렇게 낙관할 상황이 아니라는 진단을 내릴 것이다.

최근 들어 한국 경제를 둘러싼 주변 환경의 흐름도 결코 우호적이지 않다. 미국의 양적완화 축소로 인한 신흥국의 자금 이탈과 신흥국의 경제위기 확산은 우리 경제에 부정적인 요인으로 작용할 가능성이 높다. 더구나 요즘 신흥국에 대한 우리의 수출·투자 비중이 계속 높아지고 있어 파급 영향은 클 수밖에 없다.

이런 상황에서 이웃 일본의 '아베노믹스' 정책은 성패 여부에 상관없이 우리 경제에 부담으로 작용하고 있다. 우리 경제와 연관성이 가장 큰 중국 경제의 상황도 변수다. 중국 경제가 '그림자 금융'(shadow banking)과 부동산 버블 붕괴 등으로 경착륙하게 된다면 우리 경제에 미치는 영향은 상상을 초월한다. 우리의 주요 수출산업이 중국과 대부분 경합되는 상황에서 일본이 일부 업종에서 우리에게 추월당한 것처럼 중국에게 추월당할 가능성도 잠재적 리스크다. 3년 전인 2010년에는 우리와 중국의 산업기술 격차가 2.5년이었으나 지금은 1.9년으로 좁혀질 정도로 중국의 추격은 만만치 않다.

최근 미국과 유럽의 경제가 회복세로 전환되고 있다지만 과도한 재정적자, 가계부채 감축에 따른 소비 위축, 인구구조의 고령화 등으로 회복에는 한계가 있다는 지적이 많다. 중국, 인도, 브라질 등 그동안 세계 경제 성장을 견인해 온 신흥국의 경제 위축으로 세계 경제의 디플레이션이 상당 기간 지속될 것이라는 전망도 적지 않다.

세계적인 경제 예측전문가인 해리 덴트는 향후 10년간 세계 경제가 디플레이션 시대를 겪을 것이라고 전망했다. 권위 있는 경제전문지인 이코노미스트도 최근 해리 덴트와 마찬가지로 "지난 10년간 급속한 경제 성장을 구가했던 신흥국들이 구조적인 성장 둔화로 전환됨에 따라 세계 경제의 '대감속시대'(Age of Great Deceleration)가 도래할 것"이라고 예측했다.

수출에 의존하고 있는 우리로서는 우울한 전망이 아닐 수 없다. 이와 같은 대외 환경 변화와 더불어 한국 경제의 내부에서 진행되는 일련의 상황도 우리에게 위기감을 한층 증폭시키고 있다.

무엇보다 갈수록 떨어지는 잠재성장률이 말해주듯 우리 경제의 저성장 기조가 고착화할 조짐을 보이고 있다. 저출산·고령화로 인한 생산가능인구 감소, 700만 명을 웃도는 베이비부머의 은퇴 등 인구구조의 급격한 변화는 성장잠재력을 떨어뜨리는 요인으로 지목되고 있다.

특히 세계에서 유례를 찾기 힘들 정도로 급속히 진행되고 있는 고령화는 경제 활력 저하와 노인 빈곤 문제를 야기할 우려가 있다. 1000조 원에 달하는 가계부채와 부동산시장 침체로 인한 자산 가격 하락도 내수 회복의 발목을 잡고 있어 구조적인 장기 불황을 초래할 수 있는 변수로 지목되고 있다.

이러한 복합 위기 상황에 자칫 대응을 소홀히 하면 금융부실 증대로 국가 시스템의 위기를 불러올 수 있다. 그런가 하면 과도한 대외 의존도와 일부 대기업에 지나치게 편중된 산업구조도 문제다. 삼성전자·현대자동차 등 일부 대기업의 실패가 우리 경제 전체의 리스크로 직결될 수 있다. 반면 중소·중견기업의 국제경쟁력은 여전히 취약하고 새로운 성장동력 발굴은 지지부진하다.

게다가 세계 산업의 흐름은 소프트웨어 중심으로 전환되고 있지만 국내 기업의 소프트웨어 분야 경쟁력은 선진국에 비해 취약한 실정이다. 2013년 포브스가 선정한 100대 혁신기업에 중국은 5곳이 포함됐으나 국내 기업은 한 곳도 없었다. 고령화와 함께 고착화할 조짐을 보이고 있는 저성장 기조는 재정건전성을 급격히 악화시킬 가능성이 높다.

우리나라 국가부채 비율은 GDP 대비 36% 수준으로 비교적 견실하지만 최근 변경된 국제기준에 따라 공기업 부채를 포함하면 70%를 상회한다. 특단의 세수보전 대책이 마련되지 않는 한 매년 복지지출 확대와 세입 부족으로 선진국이 겪었던 것처럼 재정건전성이 급격히 악화될 수 있다. 갈수록 늘어나는 가계·기업 부채와 공기업·연기금 부채, 지방정부의 부채까지 감안하면 총부채 관리는 더 이상 지체할 수 없는 국가적인 과제라고 해도 지나친 말이 아니다.

지금까지 세계 신용평가 기관들이 우리 경제를 긍정적으로 평가한 핵심 요인이 재정건전성이기 때문이다. 노동시장의 수급불균형과 경직성으로 노동생산성이 OECD 상위 국가의 절반 수준으로 떨어진 것도 우리 경제가 안고 있는 문제다. 이로 인해 국내 산업 공동화 현상이 심화되고 있을 뿐 아니라 외국인 투자의 지속적인 감소로 양질의 일자리도 줄어들고 있다. 특히 제조업의 절반에도 못 미치는 서비스산업의 생산성은 우리 경제의 활력과 구조조정을 제약하는 요인이 되고 있다.

과다한 자영업 비중(2013년 기준 28.8%)과 취약한 사회안전망, 높은 비정규직 비중(35%)으로 인한 양극화 심화도 우리 경제의 잠재 불안 요인이다. 이로 인해 신용불량자나 개인파산이 급증하고 있고 높은 자살률(OECD 국가 중 1위)과 범죄율 급증 등 사회지표도 계속 악화되고 있다. 수차례에 걸친 금융위기와 상시적인 구조조정에 따른 직업 안정성 붕괴, 실패를 용인하지 않는 사회 분위기로 혁신적인 기업가정신은 퇴조하고 벤처 창업은 활기를 띠지 못하고 있다. 예컨대, 코스닥 상장 시가 총액 100대 기업 중 2003년 이후 창업한 회사는 1개 사에 불과하다.

이밖에 우리 사회의 갈등 수준은 OECD 국가 중 터키에 이어 두 번째로 심각하다고 한다. 이로 인해 국가적으로 시급히 추진해야 할 각종 대형 국책사업들이 추진되지 못하거나 지연되고 있다. 갈등으로 인한 경제적 손실이 연간 82조~246조 원에 이른다는 분석이 있을 정도다.

사회갈등을 조정하고 국가경쟁력 강화를 앞장서 이끌어가야 할 정치권은 여야 간 첨예한 대립으로 갈 길 바쁜 정부의 발목을 잡고 있다. 우리 경제 앞에 몰려오고 있는 이러한 먹구름에 슬기롭게 대처하지 못한다면 잃어버린 20년을 겪은 일본을 답습할 수도 있다는 이야기가 새삼 설득력 있게 들리는 이유다.

해리 덴트의 경고

디플레이션이 몰고 올 불황 피할 대응전략 마련해야

최근 경제 예측 분야의 세계적 권위자인 해리 덴트의《2013-14 세계경제의 미래》란 책을 소개받아 읽은 뒤 상당한 충격을 받았다.

해리 덴트는 이 책에서 세계 경제가 역사상 가장 많은 인구의 퇴직과 부채 축소, 고령화로 인해 소비가 줄고 버블이 꺼지면서 향후 10여 년 이상 '경제의 겨울'에 해당하는 심각한 디플레이션을 겪을 것이라고 전망하고 있다.

그의 주장은 어디까지나 예측에 불과하지만, 그가 근거로 제시한 몇 가지 사실은 지금 우리의 현실에 비추어 볼 때 간과하기 어려운 부분이 있다고 본다. 해리 덴트 주장의 요지는 향후 인구구조 변화(생산가능인구 감소, 베이비부머 퇴장 등)와 고령화, 대규모 부채 감축 등으로 소비가 줄고 자산 버블이 꺼지면서 장기간 저성장이 불가피하다는 것이다. 미국 등 선진국들은 2008년 말부터 지금까지 금융시스템 붕괴와 불황을 막기 위해 금융 완화책을 구사하고 있지만 실패로 돌아갈 것이라고 예언했다.

그는 어떤 경제 정책으로도 소비행태 변화로 인한 불황의 흐름을 바꿀 수 없고 오히려 위기 수습을 지연시킬 수 있다고 경고했다.

해리 덴트는 선진국의 경기침체를 대체할 중국 경제에 대해서는 향후 부동산 버블 붕괴 가능성을 경고했으며, 여타 신흥국들의 경제만으로는 선진국의 경기침체를 보완하기에는 미흡하다고 평가했다.

그는 한국의 경우 선진국에 비해 아직 인구구조적 추세는 양호하다지만 2012년을 정점으로 생산가능인구 비중이 감소세로 돌아섰고, 세계에서 가장 빨리 진행되는 고령화와 2010년 이후 현실화되고 있는 700여 만 명에 달하는 베이비부머 세대들의 은퇴 러시, 과도한 가계부채 감축 등으로 향후 상당 기간 소비 감소에 따른 저성장이 불가피할 것으로 보고 있다. 특히 수출의존도가 GDP의 50%에 달하는 대외개방형 경제구조여서 글로벌 경기둔화에 매우 취약한 모습을 보일 것으로 전망했다.

인구구조 변화나 고령화 문제는 정치·경제·사회 전반에 걸쳐 엄청난 영향을 주는 사안임에도 불구하고 그동안 국가적 차원에서 중장기적인 대응전략을 수립하여 추진한 나라가 별로 없었던 것 같다.

우리나라도 학계나 연구기관 등에서 이따금 인구구조 변화와 고령화 문제를 제기해 왔으나 1998년 외환위기 이후 수차례 금융위기를 겪으면서 당면한 위기 대응에 급급한 것이 사실이다.

그러다 보니 과거 박정희 정부 시대의 경제개발 5개년 계획과 같은 중장기 마스터플랜은 정부에서도 어느새 자취를 감추었다. 정책대응의 시야와 호흡이 갈수록 좁고 짧아지면서 단기 대증요법만 성행하고 있어 '호미로 막을 일을 가래로 막는 사태' 가 종종 발생하고 있다. 근래 들어 국내 주택건설업계가 어려움을 겪는 것도 인구구조와 소비행태의 변화를 읽지 못하고 주택수급의 불일치를 초래한 데 근본 원인이 있다.

금융감독원장으로 재직하고 있던 2012년 일본 금융청장과의 회담에서 일본의 '읽어버린 20년의 경험' 을 주제로 이야기를 나누었는데, 일본도 인구구조 변화와 고령화, 부동산 버블에 선제적이고 구조적으로 대응하지 못한 것이 주된 요인이 되었다고 토로했다.

디플레이션은 인플레이션보다 기업, 가계, 금융회사, 정부 등 모든 경제 주체들에게 훨씬 큰 고통을 안겨줄 뿐 아니라 한번 덫에 빠지면 헤어나기란 쉽지 않다. 개인들도 일자리는 줄고 소득은 늘지 않는데 고령화에 대비하자니 소비를 줄이고 저축을 늘릴 수밖에 없다.

기업과 금융회사들은 벌써부터 저성장·저금리와 부실 확대로 매출과 순익이 큰 폭으로 줄어들고 있다고 아우성이다. 특히 정부로서는 장기 불황으로 복지나 사회안전망 지출은 급격히 늘어나는데 세입은 지속적으로 줄어들기 때문에 국가부채가 눈덩이처럼 불어나게된다.

많은 전문가들은 한국 경제가 일본과 다르다고 주장하지만, 장기

복합 불황이 시작된 1990년대 일본의 상황과 지금의 한국 상황이 닮은 점도 많다는 사실을 간과해서는 안 될 것이다. 디플레이션이 몰고 올 불황의 덫에 빠지지 않으려면 지금부터라도 중장기 대응전략을 강구해야 한다.

끝이 보이지 않는 부동산시장 침체

주택시장 환경 변화에 맞춰
부동산 정책 패러다임 바꿔야

최근 몇 년간 주택 매매시장에는 팔려는 사람만 있고 사려는 사람은 없는 현상이 지속되고 있는 반면, 전세시장은 전세대란이란 말이 실감날 정도로 가격이 지속적으로 오르는 매물 부족현상이 심화되고 있다. KB국민은행이 조사한 자료에 의하면 최근 5년간 전국 주택기준 전세가격은 30% 가까이 올랐다. 같은 기간 매매가격 상승률(10%)의 거의 세 배 수준이다. 전세금 상승 여부의 선행지표라 할 수 있는 전세수급지수에 따르면 2014년 봄까지 전셋값은 10% 가량 더 오를 것으로 전망됐다.

상황의 심각성을 파악한 정부는 부랴부랴 2013년 '8.28 전·월세 대책'을 발표했으나 대책 발표 이후에도 전세금 상승세는 꺾일 기미를 보이지 않고 있다. 주택 매매시장에서도 2008년 이후 거래위축

현상이 지속되고 있다. 2008년 89만 건이 넘었던 전국 주택 거래량은 2012년에 73만 건까지 감소했다. 2013년 상반기는 '4.1 부동산 대책'으로 거래량이 전년도 상반기(34만 4000건)보다 다소 증가한 44만 500건을 기록했으나 수도권 미분양 주택 수가 줄지 않고 있어 주택시장이 회복되었다고 단정하기는 이르다.

2008년 이후 부동산시장의 침체가 지속되면서 주택건설업계의 도산이 증가하고 이사·중개업 등 관련 업체도 일감 부족으로 직격탄을 맞는 등 내수경제 전반에 주름살이 가고 있다. 건설산업연구원은 2008년 이후 부동산시장 침체로 4년 동안 민간·공공부문의 건설투자액이 37조 2000억 원 감소했고, 자재·원료·서비스업 등 연관 산업 피해액도 41조 원에 달한다고 분석했다. 부동산시장 침체로 4년간 무려 78조 2000억 원의 경제적 손실이 발생했다는 것이다.

한편 거래 침체와 전·월세 가격 상승은 과도하게 빚을 내서 집을 산 하우스푸어들과 임대료 부담이 어려운 렌트푸어들을 한계상황으로 내몰고 있다. 전·월세 가격 상승으로 소비 위축도 심화되고 있다.

이처럼 매매시장이 위축되고 전·월세 가격이 상승하는 원인에 대해서는 몇 가지로 정리해 볼 수 있다. 첫째, 지난 수십 년 간 우리 국민들의 머릿속을 지배해 왔던 '부동산 불패신화'가 발생 진원지인 서울 강남지역부터 깨지고 있다. 그동안 부동산 불패신화를 믿고, 이에 근거해 각종 대책과 전략을 세우고 고객을 상대해 왔던 정부와 주택건설업계, 부동산 중개업소까지도 더 이상 부동산 불패신화가 재연될 것으로 믿지 않고 있는 것이다.

둘째, 100%를 초과한 주택보급률(2012년 말 기준 102.7%)과 세계 최저 수준의 출산율, 급격한 고령화 진전으로 요약되는 인구구조 변화도 주택시장에는 우호적이지 않다. 일례로 2010년 통계청 조사결과에 따르면 2인 이하 미니 가구가 전체 가구의 절반에 이른다. 이들은 과거 부모 세대와는 달리 허리띠를 졸라매며 내집 마련에 전력하기보다는 전·월세를 선호한다. 우리보다 먼저 저출산·고령화라는 인구구조 변화를 겪은 일본도 1993년부터 생산인구가 감소세로 전환되면서 부동산 가격이 폭락했다. 도쿄 주변 일부 위성도시의 경우 40~50%가 빈집으로 변했다.

우리나라도 2012년을 정점으로 생산가능 인구비중이 감소세로 돌아섰고 2030년 무렵에는 10가구 중 7가구가 2인 이하 가구로 바뀔 것이라는 전망도 주택시장에 새로운 변화를 예고한다.

셋째, 고금리·고성장시대에서 저금리·저성장 시대로의 전환에 따른 가계자산의 포트폴리오 구성 변화도 주택시장에 영향을 미칠 수밖에 없다. 우리나라는 가계자산의 70% 이상을 부동산으로 보유하고 있는 반면 선진국은 가계자산의 부동산 보유 비중이 갈수록 낮아져 50% 이하에 머물고 있다. 우리나라도 앞으로 주택이 가계의 미래 수익을 보전해 주는 투자대상으로 매력을 상실하게 된다는 이야기다.

넷째, 인구구조 변화의 큰 흐름을 읽지 못한 정부와 주택건설업계의 판단 미숙도 시장 침체 장기화를 초래하는 데 한몫했다고 본다.

지난 10년간 부동산 가격 상승을 잡는 데만 초점을 맞춘 뉴타운 및 미니신도시 건설, 반값아파트인 보금자리주택 공급이 시장수요의 변화를 읽지 못해 주택시장을 왜곡시킨 대표적인 사례라 할 수 있다.

이러한 공급 위주의 정책은 주택보급이 절대적으로 부족했던 시절에는 집값 안정에 어느 정도 기여했는지 모르지만 최근 다양해지고 있는 수요층의 욕구를 제대로 충족시키지 못한 결과, 결국 주택시장을 왜곡시키기에 이른 것이다. 공급자 중심의 주택정책이 미분양 아파트 양산과 전세가격 상승의 주범으로 지목되는 이유다.

이에 따라 인구구조 및 주택수요 변화추이 등을 감안할 때 고성장과 금융 완화에 기반을 둔 4인 가족 중심의 1가구 1주택 정책을 근본적으로 수정해야 한다는 지적이 힘을 받고 있다. 앞으로의 부동산 정책은 변화된 환경에 따라 접근방법을 달리 하는 등 패러다임부터 바꿔야 할 것이다.

젊은 층을 중심으로 주택에 대한 개념이 소유보다 주거로 전환되고 있어 주택정책도 내집 마련 지원과 임대주택 공급 확대라는 투 트랙(Two Track) 정책을 병행할 필요가 있다. 또한 그동안 주택을 투기대상이나 양극화의 주범으로 인식하고 과도하게 규제해 온 집값 폭등 시절의 관련 제도도 손질할 필요가 있다.

예를 들면, 분양가 상한제나 다주택자 중과제도, 부동산 가격안정 수단으로 운용되어 온 각종 금융·세제 규제도 시장원리나 본래 취지에 맞게 대폭 수정할 필요가 있다.

아울러 외국에 비해 지나치게 높은 취득세와 양도세는 주거 이전의 자유를 구속하고, 주택시장 활성화를 저해하기 때문에 합리적으로 조정해야 한다. 4인 가족 중심의 1가구 1주택 정책도 2인 이하 미니 가구까지 고려한 정책으로 전환돼야 함은 물론이다.

주택시장은 중산·서민층의 주거안정과 직결되고 내수 활성화 및 서민층 일자리 창출, 금융회사의 건전성과 직결된다. 따라서 정부는 변화되는 주택시장 환경을 토대로 관련 부처가 머리를 맞대고 장·단기 대응전략을 마련해 추진해야 할 것이다.

가계부채에 발목 잡힌 한국 경제

가계부채는 경제 성장과 금융 시스템 위협하는 최대 복병

우 리나라 가계부채가 2013년에는 1000조 원을 넘어설 것으로 전망됐다. 가계부채나 다름없는 개인 자영업자들이 빌린 부채까지 포함하면 1200조 원에 육박한다. 가계부채 규모가 이렇게 커진 것은 외환위기 이후 저금리 기조와 풍부한 유동성, 부동산 가격 상승, 그리고 금융회사들의 대출경쟁 등이 합쳐진 결과다.

통계상으로 보더라도 1999~2012년까지 국내총생산(GDP)은 연평균 7.3%, 가계 가처분소득은 연평균 5.7% 증가한 반면 가계부채 증가율은 11.7%나 된다. 가계부채는 몇 가지 관점에서 볼 때 우리 경제의 성장과 금융 시스템의 안정을 위협하는 최대의 복병으로 지목된다.

첫째, 다른 나라와 비교하더라도 경제 규모나 소득에 비해 가계부채가 지나치게 많다. 2013년 3월 말 기준으로 GDP 대비 가계부채 비중은 81%로 OECD 평균보다 8%포인트 높고 가처분소득 대비 가계부채 비중은 150%로 OECD 평균보다 무려 22%포인트나 높다. 이런 이유로 향후 경제 성장이 둔화되면 가계부채의 상환능력에 심각한 문제가 나타날 수 있고, 과도한 부채는 소비를 위축시켜 내수를 짓누르는 악순환으로 이어질 수 있다.

2000년대 들어 금융위기를 겪은 미국, 스페인, 아일랜드의 사례를 보더라도 소득 대비 가계부채 비율이 100%를 돌파하는 시점(미국 2004년, 스페인 2002년, 아일랜드 2005년) 이후 2~3년 만에 금융위기가 발생했다는 점을 간과해서는 안 될 것이다.

최근 경기침체로 가계부채 상환능력을 나타내는 각종 지표들(연체율, 부실채권비율, 경매낙찰가율, 개인회생신청 건수 등)이 악화되고 있고, 경제성장률도 연간 60조 원에 달하는 가계부채 이자 부담에 따른 소비 위축으로 2%대에 머물고 있다.

둘째, 가계부채의 질도 악화되고 있다. 글로벌 금융위기를 거치면서 상대적으로 금리가 높은 비(非) 은행권의 가계대출 비중이 46%에서 52%로 상승하면서 가계의 부채 상환능력이 약화되고 있다. 또한 가계대출의 54%를 차지하는 주택 담보대출의 경우 경기변동과 같은 외부 충격에 취약한 변동금리·일시상환대출의 비중이 높다. 특히 만기 일시상환 또는 거치식 주택 담보대출은 만기 또는 거치 기간 종료 시 상환 부담이 급격히 늘어나는 문제가 발생한다.

셋째, 가계자산의 70% 이상이 부동산 위주로 구성되어 부동산 가격 변동에 취약한 구조이다. 부동산 가격 하락 시 주택담보인정비율 (LTV)이 상승하고 깡통주택이 양산되어 금융회사의 건전성이 악화될 우려가 있다.

마지막으로 자영업자 대출의 부실 가능성과 다중 채무자의 상환능력 악화로 채무불이행 위험성이 급증하고 있다는 점이다. 가계부채 문제는 십 수 년 간 누적적으로 발생한 사안이며 내수경기, 부동산, 금융회사의 건전성 등 제반 문제와 연계되어 있어 해결이 쉽지 않다. 따라서 단기적인 해법보다는 긴 호흡으로 대응할 필요가 있다.

정부가 지난 2011년 6월과 2012년 2월 가계부채 연착륙 종합대책을 발표하고, 이후에도 수차례에 걸쳐 보완대책을 발표한 것도 그만큼 가계부채 해결이 쉽지 않다는 사실을 방증한다. 따라서 가계부채 대응은 크게 다섯 가지 측면에서 접근해야 한다고 본다.

첫째, 가계부채 증가 속도를 적절히 조절할 필요가 있다. 선진국과 달리 우리나라는 글로벌 금융위기 이후에도 매년 50조 원 이상 가계부채가 늘어나는 등 제대로 된 부채 축소 노력이 이루어지지 않았다. 정부가 고강도의 대책을 발표한 2012년부터 비로소 완만한 감축이 이루어지고 있지만 앞으로도 명목성장률 이내에서 증가율을 꾸준히 관리하는 한편, 가계부채 구조도 이자만 상환하는 구조에서 원리금을 분할상환하는 구조로 변화시켜 가계부채 수위가 지속적으로 높아지지 않도록 해야 한다.

둘째, 단기 일시상환대출, 거치식 분할상환 대출, 변동금리부 대출을 장기·비거치식 분할상환 대출, 고정금리부 대출로 꾸준히 전환하는 등 가계부채의 구조를 지속적으로 개선해나갈 필요가 있다.

셋째, 가계의 부채상환능력을 높이기 위해 일자리 창출과 자영업의 영업환경 개선, 가계의 생계비 부담 완화를 위한 범정부 차원의 대책 마련이 시급하다. 양질의 일자리 창출이야말로 가계부채 문제의 근본적인 해법이라 할 수 있다.

넷째, 가계부채 중에서도 자체 해결 능력이 없는 취약 계층의 부채가 특히 문제다. 이에 대해서는 적절한 부채 구조조정이 필요하다.

국민행복기금을 통한 취약 계층의 채무조정, 금융권 자체의 프리워크아웃 활성화 및 신용회복위원회를 통한 채무조정 지원이 그것이다. 다만 이 경우에도 도덕적 해이가 발생하지 않도록 엄격한 기준 마련과 사후 관리가 전제돼야 한다. 취약 계층을 대상으로 하는 부채구조조정이 성공하려면 이들에게 맞춤형 서민금융 지원과 주거 안정 지원이 병행돼야 한다.

마지막으로 금융 당국은 금융회사에 대한 리스크 관리감독을 한층 강화할 필요가 있다. 주택담보인정비율(LTV), 총부채상환비율(DTI), 연체율, 주택가격 등 가계부채 위험 수준에 대한 체계적 분석과 모니터링 강화, 개인신용평가시스템(CSS)을 통한 대출 부실화 방지에도 노력을 기울여야 할 것이다.

중산층이 흔들리고 있다

규제완화, 외자유치 통해 양질의 일자리 늘리는 해법 찾아야

지난 2013년 8월 세제 개편 소동을 거치면서 박근혜 정부가 내세우고 있는 중산층 70% 재건 프로젝트가 다시 주목받고 있다. 중산층의 범위나 기준에 대한 모범답안은 없지만 경제협력개발기구(OECD)와 우리 정부가 사용하는 기준에 따르면 중위 소득 가구(전체 가구를 소득 수준으로 나열했을 때 중위 소득)의 50~150%에 있는 가구가 해당된다. 이 기준을 적용하면 3인 가족 기준으로 우리나라 중위 가구 소득은 연 3822만 원이고, 중산층은 연소득 1911만~5732만 원에 속하는 가구다.

정부의 세제개편안이 여론의 집중타를 받은 끝에 수정된 이유는 우리 국민들이 생각하는 중산층 기준이 정부나 국제 기준과 괴리가 크기 때문이다. 인터넷에 올라 있는 한국인의 중산층 인식에 관한 설문조사에 의하면 ● 부채 없는 30평 대 아파트 보유 ● 월급 500만 원 이상 ● 2000cc급 자가용 보유 ● 통장잔고 1억 원 이상 등이다. 소득 수준에서 정부나 선진국 기준보다 눈높이가 훨씬 높다.

세제개편 당시 정부는 5인 사업장 근로자 평균임금 3450만 원을 담세 능력 있는 중산층의 기준으로 삼았으나 우리 국민의 중산층 의식과 크게 괴리가 있었다. 정부가 봉급근로자를 중심으로 강력한 반발에 부딪혀 황급히 연소득 5500만 원으로 세 부담 증가 중산층 기준을 조정한 것도 따지고 보면 국민의 눈높이에 맞춘 것으로 볼 수 있다.

더 이상의 논란을 방지하기 위해 세금문제와는 별개로 중산층의 기준에 대한 국제기준과 각국의 비교를 통해 국민들이 과도한 기대를 갖지 않도록 우리 경제의 실상을 정확히 설명할 필요가 있다고 본다.

우리 사회는 그동안 고도성장 과정을 거치면서 부동산 등 자산가격의 상승으로 소비 여력이 증가하자 과소비로 이어져 전반적인 생활수준이 높아진 것으로 착각하게 됐다. 이러한 착시현상이 중산층에 대한 눈높이를 높인 주요인으로 판단된다.

미국이나 영국, 프랑스 등 선진국은 중산층의 기준으로 경제적 능력보다 사회·문화적 가치를 더 중시한다. 이를테면 사회적 약자를 돕고 부정과 불법에 대항해 자신의 주장을 펼치거나 독선적인 행동을 삼가는 등 사회구성원으로서 공동체 가치에 이바지하는 사람을 중산층의 기본 자질로 정의내리고 있다.

중산층의 기준이 경제적이든 사회·문화적이든 중산층은 그 나라를 지탱하는 허리 역할을 한다. 따라서 중산층이 튼튼해야 그 나라는 안정 속에 지속적인 성장을 도모할 수 있다. 하지만 글로벌 금융위기 이후 자산 버블이 붕괴하면서 전 세계적으로 중산층이 감소하는 현상이 발생하고 있다.

우리나라도 1997년과 2008년 두 차례의 금융위기를 겪으면서 1997년 74.1%에 달하던 중산층 비중이 지난해에는 67%로 하락했고 1990년대까지 한 자릿수에 머물렀던 저소득층 비율은 12%대로 늘어났다. 지난 20년 사이 저소득층으로 떨어진 중산층은 연평균 4만 5000가구로 총 81만 가구에 달하고, 적자 가구도 59만 가구에서 125만 가구로 두 배 이상 늘었다.

통계청의 사회조사결과에 따르면 본인이 평생 노력해도 계층 상승은 어렵다고 생각하는 사람이 급증하는 등 우리 사회의 계층간 위화감과 상대적 박탈감이 증가하고 있다고 한다. OECD 보고서에 드러난 우리나라 행복지수(2010년 기준)는 34개 회원국 중 24위, 유엔 156개 국 중 56위에 머물 정도로 경제 규모에 비해 크게 뒤져 있다.

우리나라 중산층 비중이 줄어든 원인은 금융위기의 여파로 실업자와 비정규직이 크게 늘어난 측면도 있지만 고령화와 부동산 경기 침체, 자영업 공급과잉으로 인한 폐업 증가, 주거비와 사교육비 부담 증가로 가계 빚이 크게 늘어난 것도 한 원인이다.

박근혜 대통령은 2012년 대통령선거운동 기간 중에 '중산층 70% 복원' 공약을 발표하면서 '중산층 재건 10대 프로젝트'를 제시했는

데 ● 322만 금융채무 불이행자의 빚 50% 감면 및 기초수급자 70% 감면 ● 5세까지 무상보육 ● 대학등록금 반값 낮추기 및 셋째 자녀의 대학 등록금 100% 지원 ● 암 등 4대 중증질환은 건강보험이 100% 책임 ● 청년해외취업 지원 ● 근로 정년을 60세로 늘리고 해고 요건 강화 ● 비정규직 차별 회사에 징벌적 금전보상 적용 ● 성폭력, 학교폭력, 불량식품 등 4대악 척결 ● 중소기업, 전통시장과 골목상권 보호 ● 지역 균형 발전과 대탕평 인사가 주요 내용들이다.

그러나 OECD 기준으로 현재 67% 수준인 중산층을 70%로 복원시키려면 위의 10가지 프로젝트만으로는 미흡하다. 조세부담률이 OECD국가 중 세 번째로 낮음에도 증세가 쉽지 않은 국내 상황을 감안할 때 복지를 늘려 중산층을 육성하는 것보다는 규제완화나 외자유치를 통해 양질의 일자리를 늘리는 방식으로 접근하는 것이 보다 현실적이다. 특히 저성장과 고령화, 부동산시장 장기 침체로 중산층이 저소득층으로 전락하지 않도록 부동산시장 활성화와 가계부채 연착륙 대책, 하우스푸어 구제대책, 그리고 사교육비와 주거비 등 가계의 생계비 부담을 덜어주는 데 정책의 초점을 맞춰야 한다. 우리 사회의 잠재적 불안과 갈등 요인으로 꼽히는 비정규직 문제와 영세 자영업자 문제에 대해서도 실효성 있는 대책이 필요하다.

이밖에 미래의 재앙이라고 불리는 노인 빈곤문제에 대한 대비도 필요하다. 우리나라의 퇴직 후 낮은 재취업률(35%)은 중산층 비중 하락의 주된 요인이 되고 재정 부담 증대의 요인으로 지목되는 만큼 중산층 대책으로 실업자 재취업과 창업교육, 직업훈련 등에 주력하고 있는 선진국의 사례를 참고할 필요가 있을 것 같다.

일본의 잃어버린 20년 남의 일 아니다

일본의 실패를 타산지석으로 삼아 선제적 대응 지혜 발휘해야

지난 2012년 일본의 금융청장을 초청해서 일본의 잃어버린 20년의 경험을 소상하게 들은 바 있다. 하타나카 료타로 금융청장은 한국 정부와 감독 당국이 일본의 실패 사례를 답습하지 않도록 친절하게 조언과 자료 제공을 아끼지 않았다.

1980년대 후반기만 해도 일본 경제는 사상 최고의 호황을 누리고 있었고 자동차, 반도체, LCD, TV, 조선 등 주요 업종에서 세계 1위라는 자부심에 도취돼 있었다.

당시 진행된 엔고(高)에 대해서도 일본 정부와 정치권은 기업들이 충분히 이를 극복하고 경쟁력을 유지할 것으로 낙관했다. 또한 1990년대부터 본격적으로 진행된 저출산 · 고령화와 부동산 버블 붕괴 문제에 대해서도 일본 정부와 정치권은 안이한 판단에 기대어 미온적이고 단기적인 대응으로 일관하였다. 그 결과, 지난 20여 년간 일본 수출을 이끌어 오던 주요 기업들은 한국 등 경쟁국에 추월당해 초라한 모습으로 전락하고 말았다. 한때 세계 반도체 시장의 70~80%를 장악했던 일본 반도체 기업은 물론, LCD, TV 등에서 세계 선두를 달리던 샤프나 소니 등 세계적인 전자 기업들도 삼성전자 등 경쟁사에 밀려나는 신세가 되었다.

거시경제 측면에서도 80년대 4%대 중반에 달하던 성장률이 90년대에는 1%대로, 2000년대에 들어서는 0%대로 추락했다. 80년대에 수백 %까지 상승했던 부동산 가격은 90년대에 들어 버블이 꺼지면서 현재는 90년대 초 가격에 비해 80%나 하락한 상태다. 금융 측면에서도 90년대 초반부터 시작된 부동산 버블 붕괴와 이로 인한 부실 확대에 신속하게 대응하지 못하다가 1990년대 후반에 들어서 비로소 금융산업 구조조정에 착수함에 따라 부실처리비용이 커지고 금융에 대한 신뢰도가 바닥으로 추락했다.

최근 우리 경제에 나타나고 있는 장기 불황 조짐에 대해 잃어버린 20년을 겪은 일본의 90년대 초기 상황과 유사하다는 지적이 많다. 성장률은 90년대 6%대에서 2000년대 들어 4%대로, 그리고 최근에는 2%대로 계속 하락하고 있고, 출산율 저하와 고령화 속도는 90년대 초의 일본보다 더 빠른 속도로 진행되고 있다. 부동산시장에서도 저성장, 고령화와 더불어 가계부채 축소의 영향으로 가격 하락 속에 거래 둔화가 이어지면서 전세가격은 천정부지로 치솟고 있다.

박근혜 정부는 출범 초부터 우리 경제가 장기 불황의 덫에 빠지지 않도록 부동산 거래 활성화, 기업의 투자 촉진, 일자리 창출 유도 등 다각적인 노력을 기울이고 있으나 제반 여건은 녹록치 않은 상황이다. 우선 2013년 말로 1000조 원을 넘어설 것으로 예상되는 가계부채와 가계자산의 70%를 차지하는 부동산시장의 위축으로 내수경기는 좀처럼 침체를 벗어나기 힘든 형국이다.

일자리 창출과 내수 진작에 핵심적인 역할을 해야 할 기업도 글로벌 경제의 불확실성 증대와 정치권의 경쟁적인 경제 민주화 입법추진, 노동시장의 경직성 등으로 투자심리가 극도로 위축되어 있다. 경기 활성화를 위한 공공 지출 확대도 세수 부진에 따른 재정적자 확대로 앞으로 여의치 않은 상황이다.

현재 우리 경제의 성장을 떠받치고 있는 수출도 휴대전화, 자동차, 조선 등 일부 업종의 몇몇 대기업에 편중되어 있어 자칫 이들 기업이 어려워지면 우리 경제 성장에 큰 영향을 미칠 수 있다. 더구나 이들 기업도 핵심 소프트웨어 기술이나 부품의 상당 부분을 외국에 의존하고 있어 이 부분에 대한 보완이 이루어지지 않으면 안심할 수 없는 상황이다.

일각에서는 일본과는 달리 개방적이고 역동적이며 제품의 수명(life cycle)이 갈수록 빨라지는 세계적 추세가 빨리빨리 문화에 익숙한 우리 국민에게 적합하기 때문에 일본과 같은 전철을 밟지 않을 것이라고 주장한다.

그러나 불과 얼마 전까지만 해도 소니나 노키아가 추락할 것이라고 아무도 전망하지 못했듯이 치열한 세계 경쟁에서 언제까지 일등을 유지할지도 예측하기 쉽지 않은 상황이다. 또한 일본의 잃어버린 20년의 원인으로 가장 많이 지목되는 관료와 정치 집단의 무능과 포퓰리즘도 남의 일로만 여길 일이 아니다.

일본은 아베 정권 등장 이후 뒤늦게 소위 '아베노믹스'로 일컬어지는 경제 회생을 위한 강력한 드라이브를 걸고 있다. 아베노믹스가 성공할지 실패할지 아직 예단하기는 어렵다. 하지만 분명한 사실은 아무것도 하지 않고 이대로 주저앉을 수 없다는 일본 국민들의 절박감이 아베노믹스를 지지하고 있다는 점이다.

우리는 이웃 국가인 일본의 실패 사례를 타산지석으로 삼아 지금부터 정치권을 포함해 모든 경제 주체들이 지혜를 모아 선제적으로 대응해 나가야 할 것이다.

하류사회 우리에게도 다가오고 있다

사회 각 부문에 패자를 위한
희망의 사다리를 놓아야

미 우라 아츠시가 2006년 발간해 일본 사회에 큰 반향을 불러
일으긴 책《하류사회》가 몇 년 전 우리나라에도 소개되었는
데 최근 들어 새롭게 관심을 끌고 있다.

《하류사회》는 일본이 저출산 · 고령화와 장기 불황을 겪으면서 전
국민의 80%가 중산층이라는 자부심이 깨지고 양극화가 심화되는
과정에서 젊은 층을 중심으로 생겨난 일종의 패배의식을 조명한 책
이다. 상류층으로 도약하려는 의욕은 사라지고 하류사회로 떨어지
고도 체념한 채 살겠다는 젊은 층이 급격히 늘어나는 사회현상을 통
계와 설문조사에 근거하여 자세히 묘사하고 있다.

고도 성장기에는 누구나 노력하면 잘 살 수 있다는 희망을 가지지
만 성장이 멈추는 순간 미래에 대한 희망도 사라진다. 이때 젊은 층

이 갖게 되는 정신적인 공황상태가 바로 하류사회 현상이다.

실제로 일본에서는 '잃어버린 20년' 동안 부모에게 기생해서 삶을 영위하는 패러사이트족, 아르바이트를 전전하는 프리터족, 취업을 아예 포기하거나 취업할 의사조차 없는 니트족들이 급격히 늘어났다.

이러한 현상은 우리나라라고 예외가 아니다. 우리나라에서도 취업이나 창업을 포기하거나 취업 능력은 있음에도 부모에 기대어 사는 패러사이트족이나 캥거루족이 급증하고 있다. 설령 취업을 하더라도 알바나 비정규직을 전전하는 수준에서 벗어나지 못하는 '88만 원 세대', 연애·결혼·출산을 포기한 '3포 세대' 모두 하류사회 도래를 예고하는 우울한 징조들이다.

한국노동연구원이 발표한 '노동통계'에 따르면 2012년 비경제활동인구 중 '그냥 쉼'이라고 응답한 숫자가 무려 154만 7000명이나 된다. 취업 및 진학 준비(50만 9000명)보다 세 배나 많다. 또 2013년 5월 국제노동기구(ILO)가 발간한 '2013년 세계 청년 고용동향 보고서'에 따르면 우리나라 청년층(15~29세) 니트족 비율은 19.2%로 OECD 34개 회원국 중 일곱 번째로 높다. OECD 평균은 15.8%다.

하류사회는 근본적으로 저성장·고령화로 인해 청년 취업문이 갈수록 좁아지는 데 기인한다. 2012년의 최고점 71.3%에 비해 10% 포인트 가량 떨어지기는 했지만 선진국에 비해 월등히 높은 대학진학률(2013년 70.7%)도 우리 청년층의 취업을 가로막는 장애물이 되고 있다. 여기에 미국 월가 시위대가 내건 '1%대 99%'라는 구호처럼 수차례 금융위기 이후 심화된 양극화도 중산층 붕괴와 젊은 층의 좌절 및 무력감 확산의 원인이 되고 있다.

그러나 무엇보다 아무리 정직하게 열심히 노력해도 정당한 대우를 받거나 성공하기 어렵다는 인식, 하버드대 마이클 샌델 교수의 책에서 언급된 '정의와 공정이 결핍된 사회'라는 인식이 젊은 층의 꿈을 앗아가는 가장 큰 원인이다. '어차피 하류인생인데 노력해도 안 돼'라는 좌절감이 하류사회 확산의 촉매제 역할을 하고 있는 것이다.

하류사회로의 진행을 막으려면 성장을 통해 양질의 청년 일자리를 늘리고 정규직과 비정규직간의 차별을 해소하는 등 원인을 치유하는 노력이 중요하다. 정보화 시대의 도래와 더불어 노동의 종말을 예고했던 미래학자 제레미 리프킨은 그의 저서《공감의 시대》에서 사회 구성원의 합의와 공감을 전제로 지속적인 성장을 추구하는 공감자본주의야말로 승자독식으로 황폐해진 자본주의를 치유하는 해답이 될 수 있다고 주장했다.

박근혜 정부에서도 '공정한 경쟁'과 '패자부활전'이 경제 운용의 화두가 되고 있다. 무한경생, 승자독식이 아닌 낙오자도 함께하는 경쟁, 패자가 받아들일 수 있는 승부, 실패자도 재도전 기회가 보장되는 새로운 경기 규칙을 내놓아야 한다. 우리 사회 각 부문에 패자를 위한 희망의 사다리를 놓아 주어야 한다. 그것이 '하류사회의 도래'와 '늙은 한국'을 막는 최선의 해결책이다.

갈수록 좁아지는 청년 취업의 문

**규제완화로 부가가치 높은
서비스 분야 일자리 창출 유도해야**

매년 9월이면 하반기 취업 시즌이 본격적으로 시작된다. 2013년 하반기 취업 관련 설문조사에 의하면 일부 대기업을 제외한 대부분의 기업과 금융회사가 경기둔화와 순익 감소로 2012년보다 신규 채용을 대폭 줄일 계획이라고 한다.

또한 우리나라 대학 졸업생들의 대다수는 공무원 또는 공기업, 금융회사, 대기업 취업을 선호한다. 중소기업 취업이나 창업은 기피하고 있는 것이다. 문제는 국내 일자리의 80% 이상이 대학생들이 선호하지 않는 중소기업이나 창업(자영업 포함)이라는 데 있다.

이런 인력수급상의 불균형으로 인해 매년 좁은 문을 통과하기 위해 장기간 취업을 준비하는 젊은이들이 늘어나는가 하면 아예 취업을 포기하는 젊은이들도 늘어나고 있다. 일례로 2013년 7월에 치러진 9급 공무원 공채에는 무려 20만 명이 넘는 젊은이들이 몰려들어 75대 1이라는 경이적인 경쟁률을 기록했다. 이는 2013년 4년제 및 전문대 졸업자 49만 명의 거의 절반에 달하는 숫자다.

물론 청년실업의 심각성은 우리나라만의 문제는 아니다. 미국이나 유럽 등 선진국에서도 청년실업률이 전체 실업률보다 두 배 이상 높은 20%를 웃돈다. 우리나라도 공식 통계상으로는 전체 실업률의 두 배인 7% 수준이나 실질 청년실업률은 10%를 훨씬 상회할 것으로 추정된다.

청년실업률이 세계 역사상 유례가 드물 정도로 높은 수치를 보이는 이유는 글로벌 금융위기와 세계 경제 둔화에 근본적으로 기인하지만 금융위기 이후 비즈니스 모델의 급격한 변화 추세에 청년들이 따라가지 못하고, 시장이 요구하는 기술 수준을 교육과 훈련이 뒷받침하지 못하기 때문이다.

더 심각한 문제는 앞으로 고령화가 진전될수록 고령자와 청년간의 일자리 경쟁이 더욱 치열해질 수 있다는 점이다. 유럽연합(EU)의 사례에서 보듯 각국 정부가 저성장·고령화에 대응하는 방편으로 전체 실업률을 낮추고 연금 등 사회안전망 지출을 줄이기 위해 법정 퇴직 연령을 높이면 젊은 층의 취업 문턱은 좁아져 일자리 세대 충돌이 발생한다.

우리나라의 경우 청년실업 문제는 경기변동 측면보다 구조적인 측면에 주로 기인하는 것으로 분석되고 있다. 따라서 단시간에 해결이 어렵고 중장기적인 대책을 세워 꾸준히 추진해야 해결이 가능하다.

그러자면 무엇보다 먼저 기업이 필요로 하는 인력의 적시적재 공급이 가능토록 교육 전반에 걸친 개혁이 필요하다.

그동안 정부와 대학은 산업계가 필요로 하는 인력 수요에 아랑곳하지 않고 4년제 대학졸업생을 양산하는 정책을 추진해 왔다. 그 결과 대기업이 요구하는 이공 분야나 소프트웨어 분야의 인력은 양이나 질적인 면에서 심각한 부족 현상을 드러내고 있고, 중소기업도 산업 현장에 필요한 기능 인력이 절대 부족한 실정이다.

교육 당국과 대학의 전향적인 인식 전환과 함께 정부와 산업계, 대학의 긴밀한 협의가 절실하다.

나는 생산 현장에 필요한 인력 공급을 위해 독일이나 북유럽식 견습제도(apprenticeship)를 눈여겨 볼 필요가 있다고 생각한다. 기업이 원하는 기술 수준에 맞춰 기술교육원을 통한 평생 교육이나 훈련을 실시하거나 대학에 산학기술지원센터를 설립하여 정부가 지원하는 것도 한 방법이다.

둘째, 세계 산업의 흐름이 하드웨어산업에서 소프트웨어산업으로 중심축이 이동하는 것에 맞추어 국내 소프트웨어산업 육성을 통한 청년 일자리 창출도 필요하다. 미국 벤처의 요람인 실리콘밸리에서는 창업의 70~80%가 소프트웨어 분야이다. 1930~2011년까지 스탠퍼드대 졸업생의 약 30%가 창업을 경험했고, 이들이 만든 회사만 약 4만 개에 540만 명의 일자리를 창출했다고 한다.

이에 반해 우리나라는 소프트웨어 회사들이 재벌 IT기업의 하청기업으로 전락, 3D업종으로 인식되고 있는 탓에 우수 청년 인력이 몰리지 않아 인력 부족을 해외에 의존하고 있는 실정이다.

따라서 이런 문제를 해소하기 위해 국내 소프트웨어 산업 생태계를 실리콘 밸리식 생태계로 혁신시켜 우수 청년 인력이 소프트웨어 분야로 몰리고 벤처 창업이 활발히 이뤄지도록 유도해야 한다.

셋째, 우리나라 기업 일자리의 86% 이상을 차지하는 중소기업의 경쟁력을 키워 젊은이들이 안정적으로 취업할 수 있는 여건을 만들 필요가 있다. 청년들이 중소기업 취업이나 창업을 기피하는 이유는 중소기업이나 자영업의 경쟁력이 취약해서 언제 망할지 모른다는 고용의 불확실성 때문이다.

독일은 100년 이상 존속하는 강한 중소·중견기업(히든 챔피언)을 세계에서 가장 많이 보유하고 있어 유럽 재정위기에도 불구하고 청년실업률이 안정되어 있다.

넷째, 서비스 분야는 지난 십 수 년 간 선진국에서 일자리 증가율이 가장 높은 분야인 점을 감안하여 과감한 규제 완화를 통해 진입 장벽을 낮춰야 새로운 일자리 창출이 가능하다.

특히 우리나라는 수출 대기업의 생산기지 해외 이전으로 고용 없는 성장이 지속되고 있고 음식·숙박·도소매 등 부가가치가 낮은 분야로의 쏠림현상으로 생산성이 날로 악화되고 있는 점을 감안할 때 규제 완화를 통해 부가가치가 높은 의료, 보건, 관광, 교육 등 서비스 분야 일자리 창출을 적극 유도할 필요가 있다.

일자리 몰아내는 귀족 노조들

**국민 경제를 볼모로 한
내 몫 챙기기 투쟁 이제 끝내야**

미국 자동차 '빅3'인 GM, 포드, 크라이슬러가 최근 생산성과 공장가동률이 높아지는 등 경쟁력을 되찾고 있다고 한다. 글로벌 금융위기 직후인 2008년 공장 폐쇄, 인력 감축 등 강도 높은 구조조정과 함께 미국 자동차노조(UAW)의 양보를 얻어내 노동유연성을 높인 결과다.

월스트리트 저널 보도에 따르면 미국에서 한 주에 80시간 이상 생산설비를 가동하는 자동차 공장 비중이 40%에 달한다고 한다. 금융위기 당시의 11%에 비해 네 배 가까이 증가한 수치로, 미국 자동차 산업이 과거의 영광을 되찾아가고 있다는 증거다.

이에 반해 현대차 노조는 국내에서도 생산성 측면에서 중하위권을 맴돌 정도로 고비용 저효율의 대표적인 사례로 지목되고 있음에

도 2013년에도 임금인상을 포함해 180가지 요구안을 내걸고 파업에
돌입했다.

언론보도에 따르면 현대차 노조원들의 평균 임금은 2001년 4244
만 원에서 2011년에는 8934만 원으로 치솟는 등 국내 타 업종이나
제조업의 평균 임금보다 월등히 높다. 자동차 한 대를 생산하는 데
미국 공장은 15.4시간, 중국 공장은 18.8시간이나 국내 공장은 30.5
시간으로 생산성은 해외 공장의 절반 수준이라고 한다.

현대차 생산 근로자들은 상당수가 업무 중에 잡담을 하거나 개인
일을 보는 등 업무에 집중하고 있지 않다는 언론 보도가 이를 뒷받
침하고 있다. 상황이 이러한데도 현대차 노조는 매년 연례행사처럼
무리한 요구를 고집하고 있고 요구사항이 관철되지 않으면 파업을
벌여 왔다.

2012년에도 현대차 노조는 파업을 통해 1인당 평균 2260만 원의
임금과 야간근무 폐지 등의 합의를 챙긴 반면 8만 2088대의 생산 차
질과 1조 7048억 원의 매출 손실을 초래했다고 한다. 특히 산업 연
관 효과가 큰 자동차산업의 특성상 모기업인 현대차의 파업은 수백
개에 달하는 중소 하청업체에 심각한 타격을 입히는 등 자동차 부품
산업과 지역 경제에 엄청난 악영향을 끼친다.

노조위원장 선거 때마다 파벌이 분화되면서 7개 파벌로 나뉘어져
주도권 다툼을 벌이고 있는 현대차 노조는 2년마다 치러지는 노조위
원장 선거철이면 강경파들이 득세해 왔다. 지금까지 22년간 현대차
는 노조파업으로 120만 4458대의 생산차질과 13조 3730억 원의 피

해를 입었다고 한다.

현대차가 국민 기업을 넘어 글로벌 자동차 기업으로 성장한 이면에는 국가 차원의 체계적 지원과 우리 국민의 애국심에 기댄 국산차 구입이 큰 힘이 됐다. 정부는 자동차산업이 수출과 고용에서 차지하는 기여도가 높다는 이유로 각종 지원을 해 왔고 자동차 내수가 부진할 때면 탄력세율을 적용해 세금을 깎아 주면서 판매를 측면 지원했다.

현대차는 이러한 지원에 힘입어 비교적 순탄한 성장을 거듭해 왔음에도 매년 노사협상에서는 노사가 적당히 타협하는 미봉책으로 일관해 왔다.

그러나 최근 날로 치열해지는 세계 자동차산업의 환경을 감안할 때 현대차가 낮은 생산성으로 글로벌 경쟁에서 살아남을 수 있을지 의구심을 갖는 국민들이 많아지고 있다.

국내 시장만 보더라도 애국심에 호소해 온 국산차 판매전략은 이미 한계점에 도달했다. 외국산 자동차의 점유율이 10%를 넘어서는 등 날로 높아지고 있다. 글로벌 금융위기 이후 주춤했던 미국과 일본 등 주요 자동차 생산 업체들은 안정된 노사관계와 기술 투자 확대로 현대차와의 경쟁력 격차를 벌려나가고 있다.

현대차 노조는 이젠 국민 경제를 볼모로 한 내 몫 챙기기 투쟁을 끝내야 한다. 현대차는 언제까지나 황금알을 낳는 거위가 아니다. 눈앞에 닥친 위기를 직시하고 현대차의 경쟁력을 높이는 데 노사가 머리를 맞대야 한다.

현대차 노조는 가까이는 지난 몇 년간 지옥의 고통을 맞본 쌍용자동차 노사의 교훈을, 그리고 멀리는 자동차산업의 몰락과 함께 도시 전체가 파산한 미국 디트로이트시의 참담한 현실을 타산지석으로 삼아야 한다. 새로운 노사관행 정립으로 세계 자동차 시장에서 강자로 다시 떠오르고 있는 미국 GM이나 크라이슬러사의 사례를 눈여겨보아야 한다.

그렇게 하는 것이 지난 세월 헌신적으로 현대차를 키워 온 국민에 대한 도리이다. 합법적인 노조활동은 최대한 보장되어야 하겠지만 현대차 사측도 더 이상 노조에 끌려가는 식의 미봉책으로 얼버무려선 안 된다. 세계 시장에서 현대차와 경쟁하는 자동차 업체들과 한국에 투자하려는 외국인들이 현대차 노사협상 과정을 지켜보고 있음을 명심해야 한다.

현대차 노사협상은 단순히 일개 대기업의 노사문제에 그치지 않고 우리나라에 새로운 일자리와 투자를 가져올 것인지를 결정하는 리트머스 시험지가 될 수 있다는 점에서 더욱 중요하다.

경제 권력이 이동하고 있다

**국회권한 확대에 걸맞게
전문성과 책임도 강화돼야**

노무현 정부 시절에도 우리 경제는 지금처럼 경기침체로 어려움을 겪었다. 당시 재경부 L장관은 부임하자마자 내수경기 활성화와 일자리 창출을 위한 경기 대책을 연거푸 발표했다. 대책의 핵심에는 각종 세제지원이 포함되었는데 국회의 승인을 필요로 하는 세법 개정 사항이 다수 있었다.

장관은 하루가 다르게 악화되는 경기를 살리기 위해 밤을 세워가며 세법 개정안을 만들어 국회에 제출토록 실무진들을 독려했다. 우여곡절 끝에 세법 개정안이 국회 재경위원회 통과를 앞두고 있다는 소식에 장관은 재경위 소속 국회의원들에게 법안 통과에 감사하는 인사를 하기 위해 국회로 달려가고 있었다.

장관은 몇 개월간 야심차게 추진한 경제 살리기 대책이 드디어 빛을 보게 됐다는 기쁨과 경기 회복 기대감으로 가슴 뿌듯했을 것이다. 하지만 막상 국회 재경위를 통과한 세법 개정안을 보는 순간 기대는 실망으로 급변했다. 실무 책임자에 대한 장관의 엄한 질책이 뒤따랐다.

그도 그럴 것이 경기 활성화 대책의 핵심으로 꼽히는 주요 세제지원 내용이 통과 법안에서 빠지거나 심하게 훼손되었기 때문이다. 실무진 입장에서는 연일 계속되는 장관의 성화도 부담스러웠지만 그렇게라도 타협하지 않으면 국회 통과가 어렵다는 판단을 했을 것이다.

10여 년이 지난 시점에 이 이야기를 새삼 꺼내는 이유는 당시에도 경제정책의 무게 중심이 국회로 상당 부분 이동해 있었다는 사실을 상기시키고자 해서다. 그래도 당시까지만 해도 정책의 주도권을 정부가 쥐고 있는 것으로 받아들여지는 분위기였기 때문에 정부의 대책 발표는 바로 시장에 파급되어 경제 주체들의 판단과 행위에 직접적인 영향을 미쳤다.

그러나 요즘 돌아가는 상황을 보면 정부가 발표하는 각종 대책의 입법 성공 확률은 갈수록 낮아지는 반면 국회의원이 주도하는 입법의 성공 확률은 높아지는 정반대 현상이 나타나고 있다. 이제는 정부가 여야 정치권과 사전 교감 없이 섣불리 대책을 발표했다가는 국회 관문을 통과하기가 쉽지 않고 이로 인해 정부의 신뢰만 훼손될 가능성이 커졌다.

최근 경제민주화나 지하경제 양성화 관련 입법추진 과정을 지켜보면 정부의 무력감은 여실히 드러난다. 이해 당사자인 경제 단체나 대기업들도 이젠 경제 부처의 정책 당국자 움직임보다 국회의 동향에 더 촉각을 곤두세우고 국회 대응 팀을 따로 꾸려 가동하고 있는 실정이다.

경제 권력의 국회 이동은 관료사회에도 많은 변화를 가져오고 있다. 눈치 빠른 일부 부처나 공무원들은 법령 제·개정이 필요한 경우 정부입법보다 의원입법 형태로 추진하는가 하면, 야당이나 영향력 있는 일부 의원의 반대로 입법 추진이 어려울 것으로 판단되면 아예 검토 대상에서 제외하는 보신주의 처세술마저 성행하고 있다고 한다.

이런 무기력하고 나약한 처신은 입법 과정에서 정상적인 여론수렴이나 규제심사 절차를 회피하는 위험성을 증대시킬 뿐 아니라 국가 백년대계를 위해 꼭 필요한 정책이 포퓰리즘에 휘둘려 아예 추진되지 못하는 결과를 초래할 수 있다.

물론 국회의 입법 권한이 강화되는 추세는 비단 우리나라에만 국한된 이야기는 아니다. 최근 연방정부 폐쇄를 초래한 미국 행정부와 의회의 갈등에서 보듯이 국회의 협조 없이는 행정부가 주요 정책을 원만히 추진하기 어려운 실정이다.

문제는 날로 비대해지는 국회의 권한에 비해 국회 입법 활동을 주도하는 국회의원이나 보좌진의 전문성은 급변하는 세상의 흐름을 따라가지 못하고 있다는 점이다. 이해관계 집단의 다양한 견해를 균형 있게 수렴해 조정하기보다는 목소리가 큰 일방의 주장에 휘둘리는 사례도 적지 않다.

특히 지난해 통과된 국회선진화법도 효율적이고 합리적인 법안 처리를 저해하는 요인으로 작용하고 있다. 사사건건 여야가 첨예하게 대립하는 지금의 정치 풍토에서는 정작 국민에게 시급한 민생 법안은 항상 뒷전으로 밀려날 수밖에 없다.

이런 이유로 금년 들어 경제 상황이 날로 악화되고 있음에도 불구하고 상당수의 경제 활성화 법안이나 민생 관련 법안이 국회에서 낮잠을 자고 있어 정부와 관련 이해 당사자의 애간장을 태우고 있다.

경제 권력의 이동은 정부 조직 안에서도 감지된다. 과거 개발연대 시절 경제정책을 주도했던 재정경제부 등 경제 부처의 영향력은 약화되는 반면 공정거래위원회, 국세청, 검찰, 경찰 등 권력 기관들의 영향력은 상대적으로 커지고 있다.

지하경제 양성화와 경제민주화, 각종 경제 범죄 척결이 화두로 대두되는 요즘, 기업 등 경제 주체들이 권력 기관의 움직임에 촉각을 곤두세우는 것은 어쩌면 당연한 일인지도 모른다.

하지만 경제 권력의 이동이 어쩔 수 없는 시대 흐름이라 하더라도 선진국 진입을 문턱에 두고 수많은 난제들을 헤쳐가야 하는 상황에서 바람직한 국가운영의 거버넌스(Governance)가 무엇인지에 대해 고민해 볼 때라고 생각한다.

그리고 경제 권력 이동 추세에 맞게 행정부와 국회의 관계도 재정립되어야 한다. 경제 실패의 책임 소재도 따져 볼 필요가 있고, 책임 소재 규명을 위한 국민과 언론, 시민단체의 감시 채널도 더욱 강화돼야 할 것으로 본다.

금융이 변해야
경제가 산다

지난 수십 년 간 한국 경제가 고도성장을 구가한 뒤안길엔 희생과 헌신을 강요당한 한국 금융의 쓰라린 역사가 도사리고 있다. 타율과 관치에 길들여진 탓에 금융산업은 한국 경제를 수차례의 금융위기로 몰아넣었다. 시련을 통해 한국 금융의 위기관리 능력이 강화됐다지만 국내 제조업에 비해 여전히 경쟁력이 취약하고 세계의 벽은 높기만 하다. 저성장, 고령화, 과도한 가계부채, 침체된 부동산시장, 기업 부실 확산 등 금융산업 앞에 험난한 파고가 줄지어 몰려오고 있다. 한국 금융이 산업의 한 분야로서 좋은 일자리를 창출하고 한국 경제의 경쟁력 강화와 양극화 해소를 뒷받침하려면 뼈를 깎는 변화의 노력과 개혁이 요구된다.

금융규제 완화가 능사 아니다
글로벌 금융위기 이후 금융규제 강화가 세계적인 추세

금융은 흔히 우리 몸의 혈액에 비유된다. 혈액이 구석구석 흘러들어야 건강한 몸이 유지되듯이, 금융이 필요한 곳에 원활하게 공급돼야 경제와 산업의 건전성도 유지된다.

하지만 금융은 일반 소비재와 달리 완전 자유경쟁시장에서 가격이 결정되지 않는다. 대형 금융회사들이 시장지배적인 위치에서 돈의 공급과 가격 결정을 좌우하는 게 현실이다. 그래서 금융에는 각종 규제가 그물망처럼 얽혀 있다. 1990년대 이후 선진국을 중심으로 금융규제 개혁 논의가 금융규제 완화로 수렴되는 것도 이러한 이유에서다.

금융규제 완화 찬성론자들은 금융규제 완화가 경제 주체들의 자율과 창의를 북돋우고 생산성을 높이는 만병통치약인양 주장한다. 하지만 여타 분야와 달리 금융은 규제 완화로 인한 부작용을 겪은 사례가 국내외적으로 적지 않은 점에 주목할 필요가 있다. 이는 금융이 속성상 정부의 허가와 감독을 받는 규제산업이라는 본질에 기인한다.

1997년의 외환위기는 말할 것도 없고, 2000년대 들어 발생한 신용카드사태, 저축은행 사태, 글로벌 금융위기 등도 따지고 보면 금융산업의 속성을 망각한 채 규제를 완화해야 할 부분은 완화하지 않고 규제를 강화해야 할 부분을 오히려 완화한 데서 비롯됐다.

예를 들어 우리 경제를 위기 상황으로 몰아넣었던 카드 사태를 보자. 길거리 카드 모집을 규제하려는 정부안을 규제심사위원회가 반대함으로써 무자격자에 대해 카드를 남발한 결과 신용불량자 양산 등 카드 사태의 원인을 제공하기에 이르렀던 것이다.

한바탕 홍역을 치렀던 저축은행 사태도 마찬가지다. 규제나 감독의 잣대를 더 엄격히 들이댔어야 할 저축은행에 대해 예금보장 한도를 은행 수준으로 높이고 대출 한도를 늘리는 등 지나치게 규제를 완화한 것이 대주주의 일탈과 저축은행의 건전성 악화로 귀결됐다.

2008년 세계 경제를 위기로 몰아넣은 글로벌 금융위기도 진원지인 미국의 월가에서 서브프라임 모기지를 기초로 한 복잡한 파생금융상품을 당국이 사실상 방치하면서 세계 각국에 엄청난 생채기를 남겼다.

자본주의의 원동력이라 할 수 있는 금융의 역사를 돌이켜보면 규제 완화와 규제 강화가 반복된 역사라고 해도 과언이 아니다. 자유방임주의에 편승한 과도한 금융규제 완화로 대공황이 발생했고, 이후 금융규제가 강화되다가 규제 완화의 목소리가 높아지면서 신자유주의의 도래와 더불어 금융 완화가 탄력을 받기 시작했다. 하지만 전대미문의 글로벌 금융위기를 맞으면서 다시 금융규제 강화의 움직임이 전 세계적으로 확산되고 있다.

금융규제 완화로 금융위기 발생이 매번 되풀이되는 이면에는 금융 자본가와 금융업 종사자들의 탐욕, 정부나 금융 당국의 정책 실패와 감독 소홀이 도사리고 있다.

앞서도 지적했듯이 금융업은 다른 산업과 달리 완전 경쟁시장이 아니다. 제조업에서는 물건을 팔고 나면 즉시 수익이 실현된다. 하지만 금융업은 돈을 빌려준 기업에 부실이 발생하면 금융회사의 부실로 이어질 수 있다. 이것이 확산되면 금융 시스템 위기로 번지는 것이다.

과거 외환위기도 대기업의 부실로 돈을 빌려준 은행들이 연쇄도산하면서 금융 시스템에 위기를 초래한 사건이다. 정부는 국민의 세금인 공적자금이라는 수혈을 통해 금융 시스템 붕괴를 막았다.

이처럼 금융업의 위기는 국가 경제와 직결되는 탓에 정부가 시장 상황을 고려해 진입을 제한하고 진입한 금융회사에 대해서는 일거수일투족을 감독한다.

금융회사들은 정부에 대해 규제 완화를 끊임없이 호소한다. 드러내놓고 말은 못하고 있으나 경기불황과 장기 저금리의 여파로 수익성이 급격히 악화되면서 총부채상환비율(DTI)이나 주택담보인정비율(LTV) 규제에 불만이 많은 것으로 이해된다.

물론 내부 경영의 자율성 확대, 신상품 개발 등 영업 부문에서 규제 완화가 필요한 부분도 있지만 과거 경험에 비춰볼 때 규제 완화는 아무리 신중해도 지나침이 없을 것 같다. 특히 건전성 규제는 도리어 강화돼야 한다고 본다.

최근 세계적인 흐름도 대형 금융회사에 대한 건전성 규제를 강화하는 방향으로 가고 있다. 바젤 III 도입으로 향후 위험자산에 대한 건전성 규제가 강화되고 리먼사태처럼 전 세계적으로 시스템 위기를 초래할 우려가 있는 28개의 글로벌대형금융회사(GSIB)에 대한 자본규제가 강화될 예정이다.

궁극적으로 규제 완화 여부는 금융산업 발전 측면과 소비자 피해나 권익, 그리고 금융 시스템 위기 가능성 여부 등을 종합적으로 고려해서 신중히 판단해야 할 것이다.

신흥국 금융위기 한국은 안전한가

대통령 직속의 부채관리위원회 신설해
종합적인 부채관리 시작해야

베냉키 미국 연방준비제도이사회 의장의 양적완화 축소 발언 이후 전 세계 금융시장이 한차례 출렁였다. 그런 가운데 글로벌 금융위기 이후 양적완화로 대규모 자금이 유입된 신흥국을 중심으로 외국인 투자 자금이탈이 이루어지면서 환율과 주가가 급락하고 있다.

특히 경상수지 적자가 지속되거나 내수 의존도가 높고 재정적자 비율이 높은 브라질, 인도, 인도네시아의 경우 통화가치와 주가가 연일 큰 폭으로 하락하였고 인근 국가인 태국과 말레이시아도 태풍의 영향권에 접어들고 있다.

2008년 글로벌 금융위기 이후 선진국의 양적완화에 따른 외국인 투자자금의 유입으로 한때 장밋빛 모습을 보였던 신흥국들이 3년 만에 지옥으로 떨어지는 상황을 맞고 있으며, 1997년 아시아 금융위기의 재발 가능성과 같은 불길한 조짐마저 보이게 된 것이다.

그러나 1997년과 달리 아시아 신흥국들은 단기외채 비중이 낮고 외환보유액도 단기외채 규모에 비해 크기 때문에 외환위기로까지 번질 가능성은 낮다는 것이 국내외 경제전문가들의 대체적인 분석이다.

아시아 금융위기로 외환위기를 경험했던 우리나라도 미국의 양적완화 축소로 아시아 신흥국의 금융위기가 전염될 가능성은 현재로서는 극히 희박하다. 오히려 이번 신흥국 위기를 계기로 주요 외신들은 이들 나라와 한국과의 차별성을 강조하는 국제 신용평가회사들과 주요 투자은행(IB)들의 보고서를 연일 부각해서 보도하고 있다.

한국은 경상수지 적자를 기록하고 있는 이들 신흥국들과는 달리 18개월 연속 경상수지 흑자를 이어가고 있고, GDP 대비 국가부채가 OECD 국가평균(103.5%)보다 낮은 수준인 30% 중반의 안정된 재정건전성을 보이고 있다. 또한 외환보유액도 역대 최고 수준인 3300억 달러(GDP대비 30% 수준)에 이르고, 지난 3년간 단기외채 비중도 지속적으로 개선되어 외환보유액 대비 단기외채 비중이 2000년 이후 최저 수준인 29%까지 낮아졌다.

특히 우리나라는 2008년 글로벌 금융위기와 2010년 유럽 재정위기를 거치면서 금융·외환 부문의 취약점을 개선하기 위해 노력한 결과 은행의 예대율이 100% 이하로 떨어졌고 은행의 외화유동성 상황도 크게 개선되었다.

국가신용등급도 선진국 수준으로 상향조정되어 글로벌 장기투자자들과 외국의 중앙은행들이 한국의 채권을 안전자산으로 인식하여 매입을 확대하고 있는 상황이다.

미국의 양적완화 축소 움직임으로 위기를 겪고 있는 신흥국들을 보면, 세계 경제 둔화로 원자재 수출에 어려움을 겪거나 핫머니의 유입에 효율적으로 대응하지 못한 데 가장 큰 원인이 있다.

1997년 아시아 외환위기나 이번 신흥국 위기에서 보았듯이 투기 자금들은 경제 기초체력이 취약하거나 금융에서 허점을 보이는 국가를 대상으로 공격할 가능성이 크다는 점을 항상 염두에 둬야 한다.

우리나라는 대외의존도가 100%에 달할 정도로 높고 원화의 국제화가 미흡한 상황이다. 이런 가운데 국가부채는 그런대로 양호하지만 공기업 부채나 가계·기업 등 민간부채는 크기 때문에 언제든 상황이 나빠지면 외국계 IB들이나 신용평가기관의 평가가 달라질 수 있고 투기자금의 공격을 받을 수 있다.

신흥국들의 경기둔화에 따른 경상흑자 폭 축소와 해외신용공여 부실, 그리고 국내적으로 경기둔화에 따른 가계 및 기업여신 부실이 확대될 가능성도 있기 때문에 이에 대한 신제직 모니터링과 대응을 강화할 필요가 있다.

2008년 글로벌 금융위기는 미국 등 선진국에서 문제가 발생했음에도 한국은 은행예대율 과다와 단기외채 관리 미흡으로 단기간에 외자가 이탈하면서 곤욕을 치른 적이 있다.

금융당국은 글로벌 위기 이후 핫머니 유·출입에 대응하여 선물환 포지션 한도 규제, 외환건전성 부담금 부과, 외국인 채권투자 비과세 폐지 등 거시건전성 규제 3종 세트를 마련했으며, 금융사들에 대한 스트레스 테스트를 실시하여 외화유동성 관리를 강화해 오고 있다.

그러나 이런 안전장치보다 더 중요한 것은 우리 경제의 기초 체력을 튼튼히 하는 것이다. 경상수지 흑자 기조관리, 정부 부채, 공기업 부채, 기업·가계부채 등 국가 총부채를 적정 수준에서 관리하는 등 미래의 위험에 대비한 국가 전반의 위기관리 시스템을 선제적으로 구축할 필요가 있다.

경상수지 흑자 기조를 지속적으로 유지하기 위해서는 외환시장 안정을 통해 우리 기업의 수출경쟁력 하락을 막는 것도 중요하지만 그동안 일부 대기업과 업종에 의존한 수출구조에서 벗어나 강한 중소·중견기업을 육성하여 수출 저변을 다변화하고 관광·의료 등 서비스산업을 외화획득 산업으로 육성할 필요가 있다.

또한 우리나라 총 수입에서 30% 가량 차지하는 에너지 수입을 줄이기 위해 1970년대 두 차례 오일쇼크 당시 일본 등 선진국이 이미 추진해 온 에너지 저소비형 경제로의 전환을 지금부터라도 강력히 추진해야 한다.

그리고 국가 총부채 관리를 위해 대통령 직속의 부채관리위원회를 신설하여 종합적인 부채관리 착수에 들어갈 필요가 있다. 지금은 전 세계 언론과 투자자들이 한국에 찬사를 보내고 있지만 항상 유비무환의 자세로 방어벽을 튼튼히 하는 것만이 또 다른 위기를 막는 가장 좋은 길임을 명심해야 할 것이다.

금융에는 왜 삼성전자가 없나
국제적인 안목 갖춘 전문 인력 양성 시급하다

금융업에 종사하는 정부 당국자나 금융회사 직원들이 가장 많이 듣는 질문 중 하나가 "왜 우리나라에는 삼성전자와 같은 세계적인 금융회사가 없나?"라는 질문일 것이다.

우리나라는 세계 10대 무역대국으로 올라섰지만 금융 부문의 경쟁력만 놓고 보면 우물 안 개구리이다. 심하게 말하면 금융 부문이 국가경쟁력을 갉아먹고 있다고 할 수 있다.

개별 금융회사를 따져보더라도 우리나라 최대 금융그룹인 우리금융지주는 말할 것도 없고 신한금융지주나 KB금융지주 모두 규모면에서 세계 70위 권 밖이다. 금융회사의 국제화 수준을 나타내는 초국적화지수(Transnationality Index, TNI)도 크게 낮은 편이다.

예를 들어, 국내 은행의 해외 자산은 총자산의 4% 수준에 불과하나 UBS, 도이치, HSBC 등 해외 주요 은행은 50%를 넘는다. 글로벌 경쟁력 평가기관인 스위스 국제경영개발원(IMD)에 따르면 2012년 우리나라 국가경쟁력은 59개국 중 22위이나 금융 부문은 이에 못 미치는 25위이다. 세계경제포럼(WEF)은 2012년 우리나라 국가경쟁력은 142개국 중 24위인 반면 금융시장 발전 순위는 80위에 불과하다고 혹평한 바 있다.

우리나라 금융산업이 이처럼 낙후된 것은 지금까지 금융산업이 제조업 위주의 수출주도형 경제 성장을 뒷받침하는 과정에서 많은 희생을 한 탓에 산업으로 정상적인 발전을 하지 못했기 때문이다.

국내 금융산업은 1980년대 후반에 들어서야 비로소 자율화와 진입 규제 완화가 본격 추진되면서 시장 개방과 해외 진출이 이루어졌으나 뒤이어 불어닥친 외환위기로 수많은 금융회사가 구조조정되는 등 큰 타격을 받게 되었다.

외환위기 이후 국제통화기금(IMF)의 권고로 지배구조 개선이나 리스크 관리 선진화 등 일부 긍정적인 변화는 있었으나 국내 고객을 상대로 한 예대 마진 위주의 단순 영업 등 근본적인 경영체질은 변화되지 않고 있고 국내 금융사의 해외 진출도 미흡한 실정이다.

흔히 금융산업 발전을 위한 3대 핵심 요소로 양질의 금융 전문인력, 선진적인 금융 인프라, 그리고 금융회사의 자본력을 꼽는다. 그 중에서도 금융 전문 인력이 가장 핵심적인 경쟁력 요소이나 국내 금융회사 임직원들은 높은 교육수준을 갖고 있지만 고도의 금융 전문 기법이나 국제적 역량을 갖춘 인재는 부족한 실정이다.

금융 인프라 측면에서는 세계적인 IT기술을 바탕으로 전자금융 부문에서 상당한 비교우위를 보이고 있으나 글로벌 네트워크나 신용평가 측면에서 아직 취약하여 해외시장에서 이루어지는 거래는 물론, 국내 대형 인수·합병(M&A) 거래까지 대부분 외국 금융사들이 독차지하고 있다.

국내 금융회사들은 자본력에서도 글로벌 선진 금융회사에 비해 매우 취약하다. 국내 최대은행의 자기자본 순위는 세계 70위권에 불과하고, 증권사는 세계 주요 투자회사(IB)의 10분 1 정도에 불과하다.

따라서 국내 금융회사들이 국제무대에서 경쟁하거나 우리 기업의 해외사업을 원활히 지원하는 데 어려움을 겪는 것은 어찌 보면 당연한 일이다. 실례로 2009년 아랍에미리트연합(UAE)이 발주한 원전을 수주할 당시 UAE 정부는 세계 50위 이내 은행의 이행보증을 요구하였지만 국내은행 중 세계 50위권의 은행이 없어 애를 먹었던 사례가 있었다.

현재로서는 세계적인 금융회사로 발전하기에는 매우 취약한 상황이지만 희망이 없는 것은 아니다. 무엇보다 금융 마인드를 지닌 인력을 양성하는 것이 시급한 과제다. 국제적인 안목을 갖춘 전문인력 양성을 위해 초·중·고교 시절부터 금융교육을 강화하고 금융특성화 고교나 금융전문대학 또는 대학원을 많이 설치할 필요가 있다.

선진 금융기법 습득을 위해 해외 금융회사나 금융 관련 국제기구와의 인적 교류를 확대하는 것도 한 방법이다. 금융 인프라 확충을 위해 포화상태인 국내 금융시장을 벗어나 해외진출을 적극 모색할 필요도 있다. 오늘날 우리 대기업이 세계적인 경쟁력을 갖게 된 원천도 따지고 보면 국내에 머물지 않고 끊임없이 해외진출을 모색한 데 있다.

해외진출 초기에는 미국이나 유럽 등 선진 시장보다는 최근 급성장하는 신흥국 시장을 중심으로 국내 기업과 금융회사가 네트워킹하여 함께 시장 개척에 나선다면 효과를 볼 수 있다고 생각한다. 금융의 전자화가 확대되는 세계적 추세에 맞추어 IT분야의 높은 경쟁력을 적극 활용한다면 많은 도움이 될 것이다.

자본력을 확충하는 문제는 단기간에 해결될 문제가 아니다. 미국·중국과 달리 국내 금융시장 규모가 협소하고 영국·홍콩처럼 금융 중심지도 아니어서 대형 금융사가 생겨날 여건이 조성되기 어렵다. 그러나 스위스의 UBS나 네덜란드의 ING그룹, 호주 맥쿼리의 성공사례를 보면 우리나라도 불가능한 일은 아니라고 본다. 호주 맥쿼리는 국내 퇴직연금 시장 발전을 기반으로 해외시장에 진출해 성공했고, 스위스 UBS나 네덜란드 ING그룹은 해외시장 진출과 해외 M&A를 통해 세계적인 금융그룹으로 성장했다.

이런 맥락에서 그동안 효과도 없고 실현성이 떨어지는 금융허브 정책에 매달리기보다는 호주처럼 470여 조 원에 달하는 국내 연금 시장(국민연금, 퇴직연금)을 효율적으로 활용하여 국내 금융회사의 경쟁력을 키우고 해외진출을 뒷받침하는 방안을 검토해 봄직하다.

국내 금융산업도 보다 차별화된 경쟁을 통해 체질을 변화시켜 글로벌 경쟁력을 갖춘 대형 금융사가 탄생할 수 있도록 각고의 노력을 기울여야 할 것이다.

메가뱅크 논란

**메가뱅크는 정부의 인위적인 개입 없이
시장경쟁 통해 이루어져야**

정부가 공적자금 회수의 일환으로 우리금융 민영화를 추진하면서 메가뱅크 탄생 여부가 다시 화두가 되고 있다.

메가뱅크는 이명박 정부 출범 초기에도 잠시 논의되었으나 글로벌 금융위기가 닥치면서 중단되었다. 우리금융 민영화와 관련해 메가뱅크 문제가 새삼 거론되는 것은 현실적으로 우리금융을 인수할 수 있는 대상이 KB금융그룹 등 국내 금융지주 그룹으로 제한되어 있기 때문이다. 만약 인수·합병(M&A)이 성공하면 새로 탄생할 은행은 규모면에서 다른 은행을 압도하게 되어 금융권에 새로운 변화(Big Bang)를 몰고 올 가능성이 있다.

그동안 국내에 마땅히 내세울만한 대형 은행이 없는 상황에서 세계 50위권 안에 드는 대형 은행이 탄생하면 국내 은행의 국제 경쟁력을 강화시키는 계기가 되는 것은 말할 것도 없고 아랍에미리트연합(UAE) 원전 수주 당시 UAE 정부가 요구한 세계 50위 이내 은행의 이행보증을 충족시키지 못해 겪었던 당혹감을 되풀이하지 않을 수 있다. 우리 기업들이 세계시장에서 펼치는 대형 국책사업 수주 경쟁을 효율적으로 뒷받침하게 되는 긍정적인 효과도 있다.

하지만 메가뱅크 탄생이 반드시 좋은 것만은 아니다. 지금도 국민, 신한, 우리, 하나 등 4대 은행이 국내시장의 70% 이상을 점유하는 상황에서 합병이 이뤄지면 공정거래법상 독과점 문제가 발생할 소지가 있고, 대형화로 인한 시장경쟁 축소로 중소기업이나 가계 등 금융소비자 후생에 부정적인 영향을 미칠 수 있다.

실례로 외환위기 이후 금융권 구조조정에 따라 은행시장이 4대 은행 중심으로 재편된 후 신용등급이 취약한 고객과 영세상인, 중소기업에 대한 대출 비중은 줄어든 반면 은행의 이익은 크게 증가했다. 게다가 노동시장의 유연성이 부족한 우리 현실에서 은행 합병은 비대해진 인력과 중첩 점포에 대한 구조조정을 어렵게 한다. 한마디로 위험은 두 배로 커지는 반면 효율은 절반으로 떨어지는 비효율을 낳게 되는 것이다.

대형화를 통해 국제 경쟁력을 높인다지만 그것도 쉬운 일은 아니다. 비슷한 인력과 네트워크를 가진 금융회사의 합병은 비만증에 걸린 어린이를 탄생시키는 결과를 초래할 수도 있다. 원래 금융 빅뱅(Big Bang)은 1986년 영국 대처 정부가 단행한 획기적인 금융규제 완화조치에서 유래한다. 금융 빅뱅으로 전 세계 금융회사들이 런던으로 몰려들면서 영국은 세계 금융 중심지로 부상했다. 미국도 이에 자극받아 클린턴 대통령 시절 대대적인 규제 완화로 월스트리트의 금융사들을 경쟁적으로 키웠다.

그러나 2008년 글로벌 금융위기로 대마불사로 여겨졌던 대형 금융회사들이 줄줄이 무너지고 정부에 구제의 손길을 내밀면서 대형 금융회사들은 반(反)월가 시위에서 드러났듯이 만인의 분노와 지탄의 대상이 되었다.

각국 정부와 감독 기관들은 글로벌 금융위기 이후 대형 금융회사에 대한 규제와 감독을 한층 강화하는 대책을 쏟아내고 있다. 대형 금융회사에 대해서는 자본규제를 강화하고 별도의 세금(은행세)을 물리는 방안도 마련됐다.

이에 따라 글로벌 금융위기 이후 세계 조류는 대형 금융회사가 초래할 위험을 어떻게 사전에 막느냐에 초점이 맞춰지고 있다. 금융 시스템의 존립에 영향을 미칠 수 있는 메가뱅크의 규모를 적정 수준으로 통제해야 한다는 논의도 제기되고 있다.

이와 같은 글로벌 추세에도 불구하고 국내 일각에서는 우리나라는 글로벌 금융위기를 초래한 미국이나 유럽과는 다르다는 주장을 펼치고 있다. 국내 금융사들의 규모가 외국에 비해 턱없이 작고 자본 시장의 과다한 규제로 투자은행(IB)이 육성되지 못한 상황에서 규제를 강화하는 것은 금융산업 발전을 저해할 수 있다는 논리다.

일리가 없는 것은 아니다. 그러나 경쟁력은 덩치만 키운다고 절로 생기는 것이 아니다. 독일이나 캐나다의 대형 은행은 글로벌 금융위기에 별반 영향을 받지 않고 성장하고 있는가 하면, 웰스파고와 같은 전통적인 미국의 상업은행이나 지방 은행들도 월가의 대형 은행과 달리 위기 국면에서도 건실한 성장을 하고 있다. '대박'을 좇지 않고 고객과 상생하는 금융의 기본원리에 충실한 영업을 해 왔기 때문이다.

지금은 세계적인 금융회사가 된 스위스의 UBS나 ING, 프랑스의 악사(AXA)도 처음에는 작은 금융회사에 불과했으나 치열한 경쟁과 해외진출 과정에서 인수·합병을 통해 탄생하게 된 것이다.

결국 메가뱅크는 시장에서 자연스러운 경쟁을 통해 이루어져야 하며 정부가 인위적인 규제 완화나 개입을 통해 이루어질 사안이 아니라는 점을 선진국의 사례가 증명하고 있다.

부실기업 정리해야
경제 새살 돋는다

쓰러져야 할 기업들이 좀비처럼 살아남아 경제 생태계 교란시켜

외환위기 직후인 1999년 5월 초 청와대 경제비서실에 발령 받았다. 조원동씨(현 청와대 경제수석)의 후임으로 당시 최대 이슈인 기업 구조조정 업무를 2년간 담당한 것이다.

당시 호남에 정치적인 기반을 둔 김대중 정부 시절 경제기획원 출신들이 주도하던 청와대 경제비서실에 대구출신이면서 재무부에 근무하는 내가 참여하여 기업구조조정 업무를 맡게 된 것은 아마도 1년 여 전 청와대 산하의 기업구조조정기획단에 파견되어 근무한 인연과 경험이 작용하지 않았나 생각된다.

기업구조조정기획단에 근무할 당시 청와대로부터 5대 그룹에 대한 재무현황과 전망을 분석하여 보고해 달라는 지시를 받았다. 돌이켜보면 당시 어려움을 겪고 있던 대우그룹에 대한 상황 분석에 초점이 있는 것 같았다.

나는 몇 개월간에 걸친 작업 끝에 방대한 보고서를 만들었다. 대우그룹이 당시 분식회계 혐의가 있고 그룹 전반의 재무상황이 극히 나빠 컨틴전시 플랜 수립을 통한 유동성 확보와 구조조정 방안 마련이 시급하다는 내용이 보고서의 핵심이었다.

나중에 안 일이었지만 당시 대우그룹 구조조정 문제와 관련하여 강봉균 경제수석, 이헌재 금감위원장과 김우중 대우그룹 회장간의 의견차와 갈등이 많았던 것 같았고, 김대중 대통령을 설득하기 위해 자료를 만들도록 지시한 것 같았다.

그때 만든 자료가 얼마나 도움이 되었는지는 알 수 없지만, 보고서를 제출한 몇 개월 후인 1998년 가을 일본 노무라연구소가 보고서('대우에 비상벨이 울리고 있다')에서 우리 보고서 내용과 유사하게 대우그룹의 유동성 위기를 경고함으로써 대우그룹은 시장에서 극심한 자금난을 겪게 되었고, 이것이 대우그룹 구조조정이 좀 더 앞당겨지는 계기가 되었다.

여하튼 청와대에 근무하는 2년 동안 이루어진 기업구조조정 건수는 수없이 많지만 그중에서도 삼성자동차 법정관리 및 매각, 대우그룹 워크아웃, 대우 해외채권단 바이아웃(buyout) 협상, 대우차 매각, 현대 '왕자의 난'과 현대건설, 하이닉스 등 현대계열사 구조조정, 쌍용, 고려합섬 등 100개 이상 중견·대기업 워크아웃과 7개 업종 빅딜이 가장 기억에 남는다.

구조조정 업무와 관련한 주요 논의는 청와대 회의에서 이루어졌는

데, 실무조정은 당시 재정경제부 조원동 정책조정심의관과 금융감독위원회 서근우 국장, 그리고 내가 주로 담당했다.

경제비서실 업무를 시작한 지 두 달이 되기도 전인 6월 말경에 삼성자동차가 법정관리를 신청했고, 그로부터 2개월 후인 8월 26일에는 대우그룹이 워크아웃에 돌입하게 되었다. 금융시장은 연이은 초대형 기업의 부도로 풍전등화와 같은 상황을 맞게 되었다.

당시 대우그룹은 워크아웃에 돌입하기 훨씬 이전부터 유동성 위기를 겪고 있었다. 정부는 대우그룹에 선제적 구조조정을 수차례 권고했으나 김우중 회장의 버티기로 구조조정이 1년 이상 지연되면서 그 사이 부실이 눈덩이처럼 불어났다. 결국 대우그룹은 해체 수순을 밟게 되었고 은행 부실과 회사채·기업어음(CP) 부도로 정부의 공적자금 투입이 천문학적으로 늘어나게 되었다. 반면에 당시 대북지원과 왕자의 난으로 어려움을 겪은 현대그룹의 경우는 대우사태를 교훈삼아 조기에 현대자동차와 현대중공업을 계열에서 분리시키고 주채권은행(외환은행) 주도로 구조조정을 강력히 추진함으로써 대우사태와 달리 은행부실 초래나 CP, 회사채 투자자 피해가 거의 없었다.

10년도 훨씬 지난 이야기를 지금 꺼내는 이유는 만약 대우그룹이 좀 더 선제적으로 구조조정을 추진했더라면 그룹이 해체와 같은 과정을 밟지 않았고, 은행도 부실 확대로 구조조정을 당하지 않았을 것이라는 생각에서다. 회사채·CP 투자자들 역시 부도로 손실을 보지 않았을 것이다.

최근에도 세계 경기둔화로 조선·해운·건설 등에 속한 일부 대기업들은 부실이 급속히 늘어나고 있음에도 구조조정에 미적거리다가 급기야 법정관리 신청에 들어가는 사례가 자주 나타나고 있다. 그렇게 해서 은행 손실은 눈덩이처럼 확대되고, 하청 협력업체와 회사채나 CP 투자자들의 피해가 발생하게 되는 것이다.

중소·중견기업도 마찬가지다. 외환위기 전 채권은행들은 기업에 대한 여신심사를 제대로 하지 않고 경쟁적으로 여신을 공급했다가 자멸의 길로 빠져들었다. 외환위기가 닥치자 부실이 급증하면서 고합, 쌍용 등 100여 개 이상의 중견·대기업이 워크아웃에 들어갔다.

2008년 글로벌 금융위기 때에는 기업 자금시장의 경색을 막기 위해 구조조정 없이 중소·중견기업의 대출과 보증을 일률적으로 연장해 주었다. 이 조치로 많은 중소·중견기업이 수명을 연장함에 따라 극심한 경제침체를 막을 수 있었다.

그러나 마땅히 쓰러져야 할 기업들이 '좀비' 기업처럼 살아남아 경제 생태계를 교란시키는 요인이 되고 있다. 글로벌 금융위기가 어느 정도 진정된 2010년부터는 중소·중견기업에 대해서도 매년 주채권은행을 중심으로 강도 높은 구조조정을 추진하고 있다.

잔디가 잘 자라게 하려면 잡초를 제거해야 하고, 과일이 탐스럽게 열리게 하려면 가지치기를 해야 한다. 마찬가지로 구조조정도 적시에 이루어져야 건강한 경제 생태계가 조성되고 경쟁력 있는 강한 기업이 탄생하게 된다.

물론 구조조정 과정에서 일시적으로 일자리가 줄어들고 협력업체나 하청업체들이 어려움에 직면할 수 있다. 그럼에도 기업은 사람과 달리 시혜성 복지정책의 대상이 아닌 점을 간과해선 안 된다. 기업은 이익을 위해 경쟁하는 존재다. 이익을 못 내는 기업을 도와주는 것은 결국 한정된 자원의 효율적 배분을 왜곡하고 우량기업을 더 어렵게 할 뿐이다.

우리나라 기업의 99%는 중소·중견기업이다. 이들 중 3분의 1 정도가 이자보상배율이 1 이하인 약골 기업이다. 금융이자조차 제대로 벌지 못하는 기업을 상대로 약자란 이유만으로 어려울 때마다 무분별하게 지원을 남발하는 경향이 있다. 시혜성 복지정책이 구조조정을 지연시켜 이들 기업의 체질을 개선시키지 못하는 근본 원인이 되고 있는 셈이다.

강한 기업을 만들어 경제에 새살을 돋게 하려면 부실기업을 신속히 정리해야 한다. 그래야 건전한 기업 생태계가 조성되고 대졸 청년들에게도 양질의 일자리를 제공할 수 있다.

가계부채 해법도 일자리에서 찾아야

**양질의 일자리 창출로
소득을 안정적으로 증대시켜 나가는 게 우선**

지난 2012년에 맞춤형 금융교육 프로그램인 '캠퍼스 금융토크'를 여러 차례 진행하면서 대학생들을 가까이서 접할 기회가 많았는데, 이들의 최대 관심사는 역시 취업이었다.

청년들은 취업하기 힘들다고 하는데 정작 중소기업에선 사람을 구하기 힘들다고 한다. 청년들의 구직 눈높이가 너무 높기 때문이라는 말도 일견 맞기는 하지만, 그보다는 이들이 '괜찮은 일자리'에 취업하고자 하는 게 더 큰 요인일 것이다.

그러나 괜찮은 일자리는 갈수록 찾기 힘들어지고 있다. 자산 100억 원 이상 외부감사 대상 법인 5곳 중 1곳이 최근 3년 내내 영업이익으로 금융이자도 못 갚을 정도다. 이러니 중소기업은 상황이 더욱 어려울 것이다. 곧 문을 닫을지도 모를 기업에 취직하기를 꺼려하는 건 어쩌면 당연한 일인지도 모른다.

전체 취업자의 28%(OECD 국가 평균은 16%)나 되는 자영업도 사정은 별반 다르지 않다. 최근 실업이나 취업난으로 소매업, 음식업 등 소자본 생계형 창업이 줄을 잇고 있다. 그러나 이들이 처한 현실은 팍팍하다. 한 민간경제연구소에 따르면 월 100만 원도 못 버는 자영업자가 170만 명에 이른다고 한다. 3년을 버티는 자영업자가 절반도 되지 않는다(3년차 유지율 46%)는 통계도 있다. 그런데도 향후 3년간 베이비붐 세대 은퇴자 약 100만 명이 새로 생겨날 것이라 하니 자영업의 수익성은 더욱 악화될 것이 분명하다.

금융 당국이 일자리 문제에 새삼 관심을 기울이는 것은 우리 경제의 아킬레스건으로 여겨지는 가계부채의 근본적 해법을 여기서 찾을 수 있기 때문이다. 양질의 일자리 창출로 소득을 안정적으로 증대시킬 수 있다면 가계부채 문제는 연착륙을 시킬 수 있다.

가계부채는 외환위기 이후 지난 10여 년 간 꾸준히 증가했다. 물론 그 동안 금리가 낮아지고 금융회사의 영업 전략에 따라 가계대출을 받기 쉬워진 이유도 있을 것이다.

그러나 가계대출은 고용상황과 밀접하게 연관되어 있음을 간과해서는 안 된다. 우리나라는 실업자에 대한 사회안전망이 취약한 탓에 직장에서 밀려나는 사람들은 대부분 생계형 자영업에 진출한다. 창업 또는 생계자금을 마련하려고 이들이 쉽게 의존하는 것이 바로 가계대출이다. 실업률은 통계상으로 3% 전후에서 줄곧 머물렀지만 '고용의 질'은 지속적으로 악화되어 왔다.

이제 가계부채 문제의 해결을 위해서도 정부는 양질의 일자리 창출에 적극 나서야 한다. 우선 규제 완화와 각종 인센티브제의 도입을 통해 작지만 강한 경쟁력을 갖춘 '강소기업'을 육성해야 한다. 같은 서비스업이라도 생계형 자영업이 아닌 고용창출 효과와 부가가치가 높은 업종의 창업을 지원해야 한다. 선진국에서 발달한 컨설팅, 엔터테인먼트, 스포츠 마케팅, 관광, 의료 등의 업종이 그것이다. 차세대 성장동력의 발굴을 위해 창업 지원 전문회사와 벤처기업 양성에도 힘을 기울여야 할 것이다.

경쟁력을 상실한 중소기업과 자영업에 대한 구조조정도 함께 추진해야 한다. 새 살을 돋게 하려면 썩은 살은 도려내야 하는 법이다. 그 동안 대출로 겨우 연명해 온 한계기업을 정리해 그 인력과 재원을 보다 생산성 높은 부문으로 돌려 경제 전체의 활력을 높이도록 해야 할 것이다.

이 과정에서 단기적으로는 성장이 둔화되거나 일자리가 다소 줄어들 수도 있다. 구조조정은 늘 고통을 수반하게 마련이다. 특히 당사자에게는 엄청난 시련으로 닥친다. 따라서 정부는 고통을 분담할 사회적 합의를 이끌어냄과 동시에 일시적 낙오자들을 위한 사회안전망의 확충에도 힘써야 할 것이다.

글로벌 금융위기 이후 일부 선진국은 부채를 줄여 나가면서 국민 모두가 고통을 감내하고 있다. 우리나라도 가계부채 축소 과정에서 유사한 현상이 나타날 수 있으므로 ● 청년들 눈높이에 맞는 양질의 일자리 창출 ● 경쟁력 없는 업종의 정리 ● 사회안전망의 내실화를 서둘러 추진할 필요가 있다. 이 세 가지가 선순환을 이루면 우리 경제는 '건강한 경제 생태계'를 만들 수 있고 나아가 지속가능한 성장의 토대를 구축할 수 있다.

다산 정약용 선생은 목민심서에서 민생을 위한 정책을 펼칠 때 시기와 방법 선택이 중요하다고 강조했다. 가계부채 문제를 근본적으로 해결하고자 한다면, 지금부터라도 좋은 일자리 창출에 최우선적으로 나서야 할 것이다.

서민금융 전담기구 필요하다
금융소외계층 포용하는 인식의 전환 선행돼야

글로벌 금융위기 이후 양극화 심화는 세계적인 현상이다. 특히 신용 취약 계층의 은행 등 제도금융권 이용이 어려워지는 금융 소외현상은 갈수록 심화되고 있다.

실례로 글로벌 금융위기 이후 금융권 가계대출 총액에서 금리가 상대적으로 높은 비은행 금융회사의 가계대출 비중은 2008년 말 46.3%에서 2012년 말에는 51.5%로 5%포인트 이상 상승했다. 은행과 달리 비은행권 대출은 금리도 연 20~30%로 높고 만기가 짧은 신용대출이 많아 원리금 상환 부담이 가중될 수 있다. 그런가 하면 제도 금융권마저 이용할 수 없어 고금리 사채에 의존하는 사람도 최근 들어 급격히 늘고 있다.

금융감독원 자료에 따르면 은행에서 정상 금리로 돈을 빌리기 어려운 신용등급 7등급 이하 저신용층은 500만 명에 이르고, 이중 여러 금융회사에 빚을 진 다중채무자도 135만 명에 달한다. 이러한 취약계층들은 계속되는 경기침체로 빚을 갚지 못해 채무불이행 비율이 증가하고 있고 신용회복위원회에 채무조정을 신청하거나 법원에 개인회생을 신청한 숫자 역시 2013년 들어 급증하고 있다.

특히 저축은행과 대부업체로부터 학자금 명목으로 고금리 대출을 받은 대학생도 12만 여 명, 대출금액은 4000억 원에 달한다. 사회에 미처 발을 내딛기도 전에 채무불이행자로 전락할 우려가 있다. 상황의 심각성을 인식한 정부와 금융감독 당국은 금융소외계층 해소를 위해 글로벌 금융위기 직후인 2009년부터 미소금융, 새희망홀씨, 햇살론, 바꿔드림론 등 다양한 서민대출 상품을 내놓았다. 2012년 말까지 126만 여 명에게 약 11조 원을 지원했다. 고금리 대출을 이용하는 대학생들에게는 저금리 대출로 갈아탈 수 있도록 조치했다.

박근혜 정부에서도 대선공약 이행 차원에서 국민행복기금을 설립하여 취약 계층의 채무를 재조정하고 고금리 대출을 저금리로 전환시키는 등 보다 체계적인 서민금융 지원 방안을 마련해 추진하고 있다.

그러나 이러한 노력에도 불구하고 현행 서민금융 지원 시스템에는 몇 가지 문제가 있다고 본다.

첫째, 3대 서민금융상품(햇살론, 미소금융, 새희망홀씨)을 통해 연간 30만 명, 약 3조 원의 서민금융을 공급하고 있으나 500만 명에 달하는 저신용자들의 금융 수요를 충족시키기에는 역부족이다. 서민금융에 대한 초과 수요가 상존하는 상황에서 미소금융이나 햇살론은 재원이 한정돼 있어 지속적인 지원에 한계가 있다.

미소금융은 대법원 판결로 휴면예금 추가 출연이 불투명하고 햇살론은 총 2조 원 재원으로 2015년까지만 출연된다. 이명박 정부 당시 서민금융의 상징이었던 미소금융은 7개월 넘게 재단이사장의 공석이 장기화되다가 최근에야 임명이 되었다.

둘째, 서민금융상품에 대한 연체율이 전반적으로 상승하는 가운데 정부보증 상품인 햇살론의 연체율이 눈에 띄게 높아 도덕적 해이 가능성이 제기되고 있었다.

셋째, 서민금융지원 경로와 체계가 다원화되어 업무중복으로 인한 비효율도 문제다. 예를 들면 신용회복 지원은 캠코와 신용회복위원회로 나누어져 있고 서민금융대출은 미소금융, 햇살론, 바꿔드림론, 새희망홀씨 등으로 경로가 다원화되어 있다.

넷째, 새희망홀씨와 같이 은행이 직접 서민금융 상품을 취급하게 되면 엄격한 대출심사 규정에 얽매이게 돼 서민금융 취지에 부합하지 않을 수 있다. 은행이 직접 서민대출 상품을 취급하기보다는 서민금융 전담기구에 출연하는 방식으로 간접 지원하는 것이 바람직하다.

따라서 이번 기회에 다원화된 서민금융지원 체계를 하나로 통합하는 서민금융 전담기구(가칭 '행복나눔은행') 설립을 검토해 봄직하다. 서민금융 전담기구는 서민금융 지원부서, 신용회복 지원부서, 신용정보 지원부서 등 3개 부서로 나누되, 서민금융 지원부서는 미소금융, 햇살론, 바꿔드림론 등 각종 서민금융 지원과 보증 업무를, 신용회복 지원부서는 채무상담, 국민행복기금 지원 등 캠코와 신용회복위원회, 국민행복기금의 관련 업무를, 신용정보 지원부서는 서민신용평가와 채권추심 업무를 담당토록 하면 될 것이다.

서민 전담기구의 재원은 기존의 서민금융 재원을 통합·활용하고 다양한 수익사업, 정부나 금융회사 출연 등을 통해 추가로 조달하면 된다. 조직도 기존의 미소금융이나 신용회복위원회, 캠코의 관련 운영인력이나 지역 영업망을 활용하면 조직 신설에 따른 추가비용을 최소화할 수 있을 것이다.

서민금융이 지속가능하려면 정확한 정보에 입각한 맞춤형 지원을 하되 일자리 알선 등 경제적 자립과 연계해 회수 가능성을 높여야 한다.

영국은 금융포용 강화를 위해 2004년 서민금융을 전담하는 시민상담소(Citizens Advice Bureau)를 전국 3500개 지역에 설치하여 저소득층 대상 서민금융 상담과 고용 알선 등 종합적인 서비스를 제공하고 있다. 이를 벤치마킹할 필요가 있다.

서민금융은 일반 금융논리로 접근해선 안 된다. 금융소외계층 포용과 포용적 동반성장(Inclusive Growth)이라는 보편적 가치를 함께 고려하는 인식의 전환이 있을 때 해법을 찾을 수 있다. 글로벌 금융위기 이후 전 세계적으로 확산되고 있는 금융 포용(Financial Inclusion) 강화 추세에 뒤처져선 안 된다.

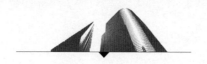

소비자 보호가
금융산업 경쟁력 높인다

**공급자 중심에서 수요자 중심으로
시스템을 개혁하고 사고와 관행 전환해야**

글 로벌 금융위기 이후 세계적으로 금융소비자 보호의 중요성이 더욱 강조되고 있다. 미국·영국 등 주요 선진국들은 금융소비자 보호 기구를 강화하는 한편 소비자에 대한 금융교육과 금융정보 제공을 확대하는 방안을 추진하고 있다.

미국은 별도의 금융소비자보호기구(CFPB: Consumer Financial Protection Bureau)를 설립했고, 영국은 금융소비자 민원을 처리해온 기존의 금융고충처리기구(FOS: Financial Ombudsman Service)와는 별도로 금융자문서비스기구(MAS: Money Advice Service)를 신설해 정보제공과 소비자 금융교육을 담당토록 하고 있다.

우리나라도 키코사태, 저축은행사태, 공정위의 양도성예금증서(CD)금리 담합의혹 조사 등을 거치면서 소비자 보호에 대한 정치적·사회적 관심이 높아졌다. 그 결과 2012년 대선 때에는 후보마다 금융소비자 보호 강화를 내용으로 하는 공약을 발표했다. 새 정부는 금융감독원을 금융감독원과 금융소비자보호원으로 분리하는 방향으로 감독체계 개편을 추진 중이다.

금융소비자 피해 유형은 크게 네 가지로 분류할 수 있다. ● 저축은행 사태처럼 금융회사 부실로 후순위채를 매입한 투자자들이 손실을 보는 경우 ● 키코와 같은 파생상품이나 펀드보험 상품처럼 금융회사 직원이나 모집인들의 불완전 판매로 민원이 발생하는 경우 ● 소비자들에게 충분한 정보를 제공하지 않거나 금융 취약계층이 금융지식 부족으로 손해를 보는 경우 ● 사금융, 보이스피싱, 대출사기, 보험사기 등 각종 금융범죄로 피해를 당하는 경우 등이다.

금융소비자들의 피해가 발생하는 원인은 소비자 피해 유형에서 나타났듯이, 금융회사들의 단기성과 위주의 영업으로 인한 불완전 판매가 가장 많다. 소비자들의 금융지식 및 금융회사들의 정보제공 부족으로 인한 피해도 적지 않다. 건전성 위주에 치우친 감독 당국의 관행도 소비자 피해를 키우는 데 한몫하였다.

따라서 금융소비자 보호를 강화하려면 정부와 감독 당국을 비롯, 금융회사, 소비자 모두가 공급자 중심의 관행에서 벗어나 소비자 중심으로 사고를 전환해야 한다.

나는 금융감독원장으로 부임한 이후 저축은행 사태를 뼈저린 교훈으로 삼아 소비자와 서민 보호를 감독업무의 최우선 과제로 삼고 소비자 보호를 강화하기 위한 다각적인 대책을 추진했다. 저축은행

후순위채 불완전 판매에 대한 피해신고 센터를 설치하였고, 서민과 소비자를 울리는 4대 금융범죄(사금융, 보이스피싱, 대출사기, 보험사기)와의 전쟁을 선포하여 소비자에게 피해예방 요령을 홍보하고 단속을 강화한 바 있다.

2012년 5월에는 금감원에 금융소비자보호처를 설치하였으며, 미국의 '컨슈머 리포트'를 벤치마킹한 '금융소비자 리포트'를 발간하여 소비자들의 알권리와 선택권을 강화토록 조치했다.

이밖에 소비자 피해를 미연에 방지하기 위해 소비자경보발령 제도를 새로 도입했다. 금융소비자 리포트는 연금저축, 자동차금융 등 국민 다수가 가입한 상품에 대한 수익률 비교 등 소비자가 궁금해하는 다양한 정보를 제공함으로써 금융회사와 소비자 모두에게 큰 반향을 불러일으켰다.

그럼에도 여전히 많은 소비자들이 금융 지식이나 정보가 부족해 금융범죄에 노출되거나 고금리의 사금융에 매달리고 있어 이들에 대한 금융교육을 강화하는 것이 무엇보다 중요하다고 본다.

금융교육도 조기교육이 중요하다는 판단에 따라 초·중·고교생을 위한 금융교육 교과서를 개발하여 각급 학교에 보급하는 한편 전국에 100여 개 이상의 금융교육 시범학교를 운영하고 대학생 금융교육 봉사단을 창설하여 시범학교에 강사로 파견토록 하였다.

이와 함께 내가 직접 금융회사 직원들과 함께 전국의 대학교를 순회하면서 대화식으로 강의하는 '캠퍼스 금융토크'를 통해 젊은 층의 특성에 맞는 소통형 금융교육도 강화했다. 농어촌주민, 재래시장,

다문화가정, 군부대 등 금융 취약계층에 대한 상담과 교육을 확대하기 위해 2012년 6월에는 '금융사랑방버스'를 마련해 전국 방방곡곡 현장을 찾아다니며 맞춤형 교육과 상담을 실시한 바 있다.

당국의 노력 못지않게 금융회사들의 영업 전략이나 방식, 금융회사 CEO와 임직원들의 의식 전환도 중요하다고 본다.

금융에 대한 소비자의 불신과 분노가 그 어느 때보다 높아진 지금, 소비자의 감성과 욕구를 제대로 읽지 못한 채 종전처럼 단기 업적 위주의 외형 경쟁을 지속하면 도리어 경영상의 어려움에 빠질 수 있다.

최근 금융회사들도 소비자 보호의 중요성을 인식하고 관련 부서의 역할을 강화하고 영업 전략도 소비자보호 중심으로 전환하고 있어 다행스럽게 생각한다. 새 정부 들어 감독기구가 소비자보호 위주로 개편되는 등 금융소비자 보호장치가 한층 강화되고 있다.

하지만 가장 바람직한 소비자 보호정책은 경쟁 촉진을 통해 금융 서비스의 질을 높이고, 똑똑하고 현명한 소비자를 육성하여 금융회사를 잘 감시하게 만드는 것이다. 그렇게 되면 소비자에게 불리한 불량상품과 불완전 판매도 사라지게 돼 국내 금융회사들의 글로벌 경쟁력도 절로 높아지게 될 것이다.

불법 사금융과의 전쟁
계속되어야 한다
사금융 단속과 서민의
금융 수요 충족시킬 대책 함께 강구해야

경기침체가 장기화되면서 저소득 취약계층의 대출 수요는 갈수록 늘고 있다. 하지만 1000조 원에 이르는 가계부채가 경제 회복의 걸림돌로 작용함에 따라 정부는 마냥 손을 놓고 있기 어려운 상황이다. 이에 따라 은행 등 제도권 금융회사들이 가계대출 심사를 강화하면서 서민들에게 제도권 금융의 문턱은 점점 높아지고 있다.

그러다 보니 취약계층의 사금융 의존도는 높아질 수밖에 없다. 불법 고금리, 대출 사기, 불법 채권추심 등 사금융 이용에 따른 각종 피해도 확산되고 있다. 배우 이선균과 김민희가 출연한 영화 '화차'의 이야기처럼 불법 사금융 피해가 드라마나 영화의 주요 소재로 활용될 만큼 우리 사회 전반에 만연하고 있다.

불법 사금융 이용자는 감당하기 어려운 고금리 부채를 안고 있어 시간이 흐를수록 빚이 눈덩이처럼 불어나고 불법 채권추심에 시달리게 된다. 악순환이 반복되면서 당사자는 물론 가정까지 파괴되는 경우가 허다하다.

그러나 사금융 이용자들은 보복이 두려워 신고를 기피하다 보니 적발하기도 쉽지 않다. 내가 금융감독원장으로 재직하던 2011년 하반기부터 금감원은 불법 사금융 등 4대 금융범죄 예방 캠페인을 전개했다. 2012년 4월부터는 대통령의 지시로 범정부 차원에서 불법 사금융과의 전쟁에 돌입했다.

금감원에 '불법 사금융 피해신고센터'가 설치되고 검찰, 경찰, 서민금융기관, 법률구조공단 등 관련 기관과 합동으로 신고 접수와 단속에 들어갔다. 2012년 4월 불법 사금융 피해신고센터 설치 이후 2012년 말까지 총 9만 1000여 건의 상담 및 피해신고가 접수됐으며, 유형별로는 대출사기, 보이스피싱, 고금리 등의 순이었다.

이 가운데 단순 상담 차원을 넘어 수사 의뢰나 금융·법률지원 요정을 한 신고자는 1만 3000명, 피해액은 1081억 원에 달했다. 신고에서 드러난 불법 사금융의 피해는 생각 이상으로 심각했다. 어떤 피해자는 빌린 돈 2200만 원을 갚지 못해 1년 동안 온갖 욕설과 함께 11회에 걸쳐 폭행을 당하고, 50여 회나 새벽에 찾아와 생매장하겠다는 협박을 받았다. 협박성 전화 및 문자 메시지만 1만 6000건을 넘었다. 공포 분위기를 유발한 불법 채권추심자는 구속됐으나 이는 한 예에 불과하다.

2012년 4월 18일 불법 사금융 피해 신고를 접수한 이래 처음에는 보복에 대한 막연한 두려움으로 피해 내용을 구체적으로 얘기하거나 신원을 밝히기 꺼려하는 사례가 적지 않았다. 하지만 피해 구제 내용이 알려지면서 구체적인 피해 사례 신고와 수사 의뢰를 요청하는 사람들이 늘어나기 시작했다. 피해 신고자의 80% 이상은 경제활동 연령대인 30~50대였다. 20대의 청년층도 10%를 웃돌 정도로 대학생들이 불법 사금융에 무방비로 노출되어 있었다.

정부는 불법 사금융과의 전쟁을 통해 총 1만 702명을 검거하고 이 중 209명을 구속했다. 탈세혐의가 있는 고리 대부업자 352명에 대해서는 세무조사를 실시하여 탈루세금 2866억 원을 추징했다. 금감원과 지자체의 합동 단속으로 3262건의 대부업 등록 취소와 영업정지 등 행정조치를 취했다. 불법 사금융 피해자 1873명에게는 법률상담을 지원했고 소송을 희망하는 피해자 550명에게는 소송대리를 지원했다.

불법 사금융에 대한 대대적인 신고 접수와 단속으로 불법 사채업자들의 활동 기반은 크게 약화되었다. 무엇보다 큰 성과는 불법 사금융의 위험성에 대한 경각심을 높였다는 사실이다.

법정 최고금리(연 39%)를 초과하는 이자부담은 무효라는 사실이 널리 알려지게 되었고, 불법적인 빚 독촉 대응 홍보를 통해 불법 사금융에 대한 국민들의 대응 능력과 이해도도 높아졌다.

이와 같은 성과에도 불구하고 금융감독원이 한국갤럽에 의뢰한 사금융 이용 실태조사(2013년 3~7월 전화조사) 결과를 보면 불법 사금융의 위험을 인지하지 못하는 국민들이 아직도 많다는 사실을 확인할 수 있다. 실태조사 결과에 따르면 사금융 이용의 평균금리는 연 43.3%로 법정 최고금리를 상회하고 있으며, 미등록 대부업체 이용자의 약 20%가 연 100%가 넘는 고금리를 부담하고 있다.

사금융 이용 이유로는 '제도권 금융회사 대출이 어려워서'가 55%, 곧바로 빌릴 수 있는 '사금융의 편리성'도 39%에 달했다. 사금융 이용자의 69%는 미등록 대부업과 법정 상한선을 초과하는 고금리 대출이 불법인지 알면서도 이용했다고 답변했다. 불법 여부를 알지 못했다는 이용자(31%) 중에서는 앞으로 사금융을 이용하지 않겠지만 보복이 두려워 신고하지 않겠다는 응답이 45%로 가장 많았고, 신고하지 않고 계속 거래하겠다는 사람도 27%나 됐다.

불법 사금융 규모는 노출을 꺼리는 사금융의 특성상 정확한 실태 파악이 어렵다. 지난 2007년 기획재경부가 추정한 자료가 유일하다. 이에 따르면 우리나라 사금융 시장 규모는 약 18조 원(등록업체 8조 원, 무등록업체 10조 원), 이용자 수는 330만 명에 달한다.

이와 같은 수요에 비해 연간 서민금융으로 공급되는 돈은 3조 원 정도에 불과해 턱없이 부족하다고 하겠다. 정부가 불법 사금융의 피해를 아무리 강조하더라도 급전이 절박한 서민들로서는 사금융에 의존할 수밖에 없는 셈이다.

불법 사금융과의 전쟁은 계속돼야 한다. 동시에 서민의 금융 수요를 충족시킬 수 있는 대책도 강구돼야 한다. 어렵더라도 두 마리 토끼 중 어느 한 마리도 소홀히 해선 안 된다.

캠퍼스 금융토크
새로운 소통형 금융교육

대학생들의 가장 큰 관심사는 일자리라는 사실 거듭 절감해

캠퍼스 금융토크는 금융감독원장과 금융권의 인사가 함께 참여해 대학생들과 대화와 토론을 통해 금융을 배우는 소통형 금융교육 프로그램이다. 대학생들에게 금융 현안을 제대로 이해시키고, 이들이 장차 우리 금융산업을 이끌어갈 인재가 될 수 있도록 꿈을 심어주고 도전할 동기를 부여하자는 취지에서 시작됐다.

2011년 여름, 캠퍼스 토크에 대한 아이디어를 실무진에게 제안했을 때 반응은 소극적이었다. 대학 측과 강의 일정을 협의해야 하는 것도 번거로울뿐더러 학생들이 어느 정도 호응할지에 대한 걱정이 컸을 것이다. 게다가 당시에는 반(反)월가 시위와 저축은행 사태의 여파로 금융권과 금융감독원에 대한 여론도 싸늘할 때였다.

그러나 당시 안철수·박경철의 청춘콘서트가 젊은 층에 상당한 반향을 불러일으킬 정도로 대학생들은 새로운 변화를 갈망하고 있었기 때문에 대화와 토론을 통한 새로운 방식의 금융교육도 성공할 수 있다는 나름대로의 판단이 깔려 있었다.

실무진을 설득하면서 학생들의 참여를 유도할 수 있는 다양한 방안을 모색토록 지시했다. 3개월여에 걸친 준비작업 끝에 그 대학 출신의 성공한 금융인들과 함께 하는 '캠퍼스 금융토크'가 11월 이화여대를 시작으로 스타트를 끊었다.

캠퍼스 토크에 대한 인지도를 높이고 학생들의 참여를 유도하기 위해 초기에는 유명 개그맨의 금융조크 코너를 신설했고 머니투데이 방송에서는 토론 전 과정을 녹화 방영했다.

금융이라는 어렵고 딱딱한 주제이긴 했지만, 가벼운 토크 형식으로 토론을 진행했고 학생들의 관심이 큰 금융 현안과 취업, 학자금, 사금융 문제 등을 다루면서 캠퍼스 금융토크는 5개 지방 국립대를 포함해서 전국 9개 대학에서 3600명이 넘는 대학생들이 참여했다. 금융 특성화 고교인 서울 금융고에서도 금융토크를 열었다.

당초 우려와 달리 횟수를 거듭할수록 학생들의 참여와 호응이 높아갔고, 특히 지방대 학생들의 참여 열기는 뜨거웠다. 청와대와 교육부, 서울시 교육청 등 많은 기관도 새로운 형태의 대학생 금융교육에 대해 관심을 갖고 캠퍼스 토크 현장을 다녀가기도 했다. 금감원이 캠퍼스 금융토크를 시작한 이후 정부기관과 민간에서도 이와 유사한 방식으로 젊은 층과의 소통이 확산되는 분위기였다.

캠퍼스 토크 이후에는 나를 비롯해 행사에 참여한 금융계 인사와 대학생들 간에 멘토 타임도 가졌다. 여름방학과 겨울방학 기간에는 금융캠프를 개최하여 대학생을 위한 집중적인 금융교육 프로그램을 실시함으로써 많은 호응을 얻었다.

일 년 넘게 계속된 캠퍼스 금융토크를 통해 절실히 느낀 점은 대학생들의 가장 큰 관심사는 일자리라는 너무나도 당연한 사실이었다. 캠퍼스 금융토크는 내가 금감원장을 떠난 뒤에도 후임 금감원장에 의해 지속되고 있다. 토론과 소통에 바탕을 둔 산·학·정의 새로운 모델로 확고히 자리매김하고 있는 것 같아 뿌듯한 자부심을 느낀다.

저축은행 실패에서 얻는 교훈

설립 취지에 맞게 취약계층과 지역 밀착형 영업 통해
경쟁력 키워 나가야

금융감독원장으로 취임한 2011년 3월 말 상황은 암울했다. 그 해 초 삼화저축은행 영업정지의 여파로 부산저축은행 등 7개 저축은행이 유동성 부족에 직면해 영업정지를 당하게 되었고, 그에 따라 저축은행에 대한 불신이 확산되고 금융 당국에 대한 분노가 들끓고 있었다.

저축은행 구조조정 어떻게 진행됐나?

영업정지를 당한 일부 저축은행에서는 예금을 찾지 못하거나 후순위채 투자로 손실을 본 고객들이 객장을 점거한 채 농성을 하고 있었다. 검찰은 영업정지 처분을 받은 저축은행에 대한 부실 책임규명과 영업정지 전 사전 예금인출의 불법성 여부에 대한 수사를 진행하고 있었다.

이런 와중에 금감원 직원의 뇌물 연루와 자살 등으로 여론은 악화될 대로 악화되고 있었고, 급기야 이명박 대통령이 금감원 청사를 방문하여 금감원에 대한 강도 높은 질책과 개혁을 주문하기에 이르렀다.

당시 저축은행을 둘러싼 상황은 암담했다. 상반기 8개 저축은행에 대해 구조조정을 단행했음에도 불구하고 계속되는 부동산 침체로 PF(프로젝트 파이낸싱)대출을 과다하게 보유한 저축은행의 건전성은 계속 악화되고 있었다. 하반기에도 저축은행의 추가 부실화 우려가 확산되면서 저축은행에 돈을 맡긴 모든 예금자들이 동요하고 있었다. 자칫하다가는 예금인출 사태가 모든 저축은행으로 확산될 가능성마저 배제할 수 없는 상황이었다.

시장 신뢰회복을 위해서는 신속하고도 과감한 결단이 필요했다. 나는 저축은행 전반에 대한 신속한 경영진단을 실시함으로써 시장을 대신해 옥석을 가려주는 것만이 시장 불안을 해소하는 지름길이라 판단하고 금융위원장과 상의하여 85개 저축은행에 대한 전면적인 경영진단에 착수했다.

7월부터 두 달 이상 계속된 경영진단에는 금융감독원, 회계법인 등이 참여하는 20개 반에 약 340명의 검사 인력이 투입되었다. 경영진단에 앞서 저축은행 검사국 직원 대부분을 교체하는 방식으로 새로운 인원을 내세웠다. 저축은행 검사 경험이 없는 직원들을 투입하는 데 대한 우려가 없었던 것은 아니다. 하지만 감독원에서 몇 년 이상 근무한 직원이면 충분히 해낼 수 있다고 봤고 당시로서는 검사 결과 못지않게 업계와의 유착 의혹을 해소하는 것이 시급하다고 판단했다.

저축은행 검사국으로 차출된 직원들은 대부분 표정이 어두웠고 사기도 상당히 떨어져 있었다. 저축은행 부실검사에 대한 비난이 빗발치고 있었고 일부 직원들은 금품수수와 관계없이 부실 검사를 이유로 검찰에 의해 기소되었기 때문이다. 후일담이지만 이러한 이유로 저축은행 검사에 투입된 직원들은 상당히 경직될 수밖에 없었고 일부 직원은 행여 부실검사라는 지적을 받을까 우려해서 검사 과정을 밤새 되짚어보는 등 전전긍긍했다고 한다.

우여곡절 끝에 금융 당국은 경영진단 결과에 따라 2011년 9월 BIS 비율이 5% 미만이거나 부채가 자산을 초과하여 적기 시정조치에 해당하는 13개 저축은행에 대해 경영개선 계획을 제출토록 했다.

금융위원회는 경영진단 결과와 경영평가위원회의 심의내용을 토대로 9월 토마토저축은행 등 7개 저축은행에 대해 영업정지 처분을 내렸다. 나머지 6개 저축은행에 대해서는 일정 기간 적기 시정조치 유예를 통해 자체 정상화를 추진토록 했으나 솔로몬저축은행 등 4개 저축은행은 자체 정상화에 실패해 다음해 5월 영업정지 처분을 받았다.

일괄 경영진단에 따른 구조조정이 마무리되어 시장이 어느 정도 안정됨에 따라 2012년 하반기부터 상시 구조조정 체제로 전환했다. 이후 2012년 하반기부터 2013년 4월까지 7개 저축은행이 상시 구조조정 체제 아래 예금자의 불편 없이 5000만 원 이하 예금계약을 예금보험공사 산하의 가교저축은행에 이전하는 방식으로 정리되었다.

이로써 저축은행은 1972년 상호신용금고법 제정 이후 350개 저축은행이 인가를 받아 영업하였으나 외환위기(1997년), 신용카드사태(2003년), 글로벌 금융위기(2008년)를 거치면서 258개가 구조조정되어 2013년 3월 말 현재 92개만 남게 되었다.

저축은행 사태의 본질

부실 저축은행의 대규모 퇴출로 많은 예금주와 투자자들이 손해를 입었고 예보기금도 엄청나게 투입되었다. 따라서 철저한 부실 규명과 재발 방지책이 마련돼야만 다시는 똑같은 실패가 되풀이되지 않을 것이었다.

금융당국은 저축은행 부실규명을 위해 그동안의 과정을 담은 백서를 발간했고, 국회는 청문회와 국정조사를 실시했다. 검찰은 부실 원인과 책임자를 가리는 내용의 수사결과를 발표했다.

청문회와 국정조사를 통해서도 줄기차게 제기되었지만 저축은행 사태를 몰고 온 핵심 요인은 저축은행의 설립 목적과 취지, 특성을 고려하지 않은 정책과 감독에 있다고 생각한다.

저축은행은 1972년 사금융을 양성화하는 방편으로 만들어진 기관이다. 은행에서 대출받기 어려운 서민과 영세 상공인 등 신용도가 낮은 고객을 제도권으로 끌어들이기 위해 설립된 기관이다.

지배구조도 사채 양성화 과정에서 자본력이 취약한 개인 대주주 중심으로 이뤄진데다, 금산(金産)분리 및 소유와 경영의 칸막이가 설정되지 않아 태생적으로 대주주의 경영권 전횡이나 불법행위가 발생할 소지가 많았다.

이러한 설립취지와 특성을 감안하면 신협이나 새마을금고와 같은 형태를 유지토록 했어야 함에도 외환위기 이후 상호저축은행 정책과 감독은 대형화 쪽으로 치달았다.

저축은행에 대해 은행과 동일한 수준으로 예금보호한도 확대(2001년 1월), 상호신용금고에서 상호저축은행으로 명칭 변경(2002년 3월), 저축은행간 인수·합병(M&A) 허용(2005년 12월), 우량 저축은행 신용공여한도 확대(2006년 6월), 저축은행간 자율 M&A 촉진 유도(2008년 9월) 등이 대표적인 사례. 개별 정책마다 당시로서는 불가피한 사유가 있었더라도 결과를 놓고 보면 큰 방향에서 잘못되었다고 생각한다.

저축은행이 대주주의 비리 등 각종 스캔들로 신뢰가 떨어질 때마다 오히려 저축은행을 보호한다는 명분 아래 규제를 완화한 것은 잘못을 저지른 학생에게 상을 내리는 것과 다를 바 없었다.

규제 완화에 앞서 예상되는 부작용에 대한 충분한 검토나 규제 완화를 수용할 능력이 있는지에 대한 면밀한 검증도 부족했다.

예를 들면 저축은행의 취약한 자본력, 지배구조, 이용 고객의 낮은 신용도를 감안하면 각종 건전성 감독 기준을 은행보다 더 엄격히 적용했어야 함에도 오히려 규제의 고삐를 늦춤에 따라 저축은행들이 방만한 경영으로 리스크 관리를 실패하게 한 원인을 제공했다.

특히 BIS 비율 8% 이상, 고정 이하 여신비율 8% 이하인 우량 저축은행에 대해 동일인 여신한도 규제를 폐지한 것은 그렇잖아도 위험 수위를 향해 치닫는 저축은행에 탐욕의 문호를 활짝 열어주는 꼴이 됐다. 영업정치 처분을 받은 저축은행들이 부동산 버블에 편승해 PF대출을 잔뜩 늘렸다가 몰락한 사실이 이를 방증한다.

다음은 저축은행에 대한 감독과 검사의 부실 문제다. 저축은행을 전담해 검사했던 신용관리기금이 외환위기 이후 통합 감독기관으로 흡수·통합되면서 저축은행 감독·검사 인력이나 관심은 상대적으로 줄어들 수밖에 없었다.

외환위기 이후 은행 비중이 급격히 커지면서 감독의 중심은 은행에 쏠리게 됐다. 그러다 보니 저축은행 감독·검사 부서에는 우수한 인력이 모이지 않았고, 정책 및 감독 당국 고위층의 관심도 사고가 나기 전까지는 별로 없었다고 해도 과언이 아니다.

이에 따라 저축은행 담당 부서는 한번 들어가면 빠져나오기 어려운 '고인 물'이 되어 부정의 유혹에 집단적으로 빠질 위험에 놓이게 된 것이다. 게다가 저축은행 검사 인력 부족으로 통상 2~3년마다 실시하는 검사 주기가 길어졌고, 그나마 적은 인원으로 짧은 기간에 검사하다 보니 수박 겉핥기식의 부실 검사가 되기 일쑤였다.

저축은행에 대한 검찰의 수사에서 드러났듯이 대주주의 불법행위는 날로 지능화되는 반면 감독 당국의 검사 수단이나 인력은 제한돼 있어 적발하기가 쉽지 않은 것이 현실이다. 검사를 통해 저축은행의 정확한 실태가 파악되지 않은 만큼 감독과 정책이 겉돈 것도 어쩌면 당연한 결과라고 하겠다.

결론적으로 저축은행 부실의 책임은 일차적으로 대주주와 경영진의 부실경영에 있지만 정책당국과 감독당국 모두 자유롭기 어려운 측면이 있다. 검사 부실은 정책과 감독 부실을 낳았고, 검사 부실은 적은 인원과 제한된 검사 수단, 인사관리 실패, 관리자들의 관리 소홀에 기인한다고 봐야 한다.

저축은행 경영정상화 어떻게 해야 하나?

저축은행 사태를 계기로 정부와 감독 당국은 2011년 3월과 7월 두 차례에 걸쳐 저축은행 경영건전화 및 감독 강화 방안을 마련하여 추진한 바 있다. 2012년 9월에는 경영건전화를 위한 제도 개선방안을 추가로 내놓았다.

하지만 저축은행을 둘러싼 경영 환경은 여전히 나아지지 않고 있다. 저축은행 경영의 발목을 잡고 있는 부동산시장은 침체의 늪에서 벗어나지 못하고 있고, 저축은행과 고객층이 겹치는 신협, 새마을금고 등은 여수신 면에서 저축은행보다 유리한 상황이다. 여기에 카드사와 은행들까지 서축은행의 영역을 잠식하고 있다.

최근에는 대형 대부업체들이 자본력과 영업력을 바탕으로 저축은행 시장을 넘보는가 하면 저축은행 인수에도 참여할 기세다. 저축은행이 처한 영업환경은 그야말로 사면초가라 할 수 있다. 정부가 저축은행의 수익기반 강화를 위해 일부 부수 업무의 허용을 검토하고 있으나 저축은행을 되살리기에는 역부족이라는 지적이 많다.

결국 저축은행이 생존할 길은 당초 설립 취지에 맞게 취약계층 밀착형, 지역 밀착형 영업을 통해 경쟁력을 키워 나가는 것밖에는 없다고 생각한다. 이런 측면에서 은행과 저축은행과의 예금보장한도 차별화는 물론, 저축은행에 부여한 은행 명칭도 재고할 필요가 있다고 본다.

정부와 감독기관도 대주주 및 경영진의 불법행위 근절과 건전 경영지도, 소비자보호 강화 등을 통해 저축은행 업계가 고객의 신뢰를 되찾을 수 있도록 지원해야 할 것이다.

매번 대형 사고가 터질 때마다 정부와 정치권, 업계는 재발방지책을 낸다며 요란을 떨었다. 하지만 태풍이 지나고 나면 언제 그런 일이 있었냐는 듯 용두사미로 끝나는 사례가 허다했다. 이런 식으로는 소를 잃고도 외양간을 고치지 못한다.

저축은행 사태의 아픈 기억들

**국회에서는 금융감독원을
'금융강도원' 이라고 질타해**

저축은행 사태로 온 나라가 떠들썩할 때 금융감독원장으로 임명되어서 그런지 이명박 대통령으로부터 임명장을 받는 자리도 분위기가 무거웠다. 이 대통령은 금융감독원 직원들의 업계 유착 의혹을 지적하면서 강력한 개혁을 당부했다.

금융감독원에 대해 상당히 부정적인 인식을 갖고 있음을 느낄 수 있었다. 누군가 금감원에 대해 좋지 않은 정보를 대통령에게 보고한 것 같았다. 부임 후 얼마 되지 않아 부산 지원에 근무하는 직원 한 명이 투신자살했다. 자살 원인에 대해 여러 루머가 돌았다. 문상을 하기 위해 부산에 내려갔을 때 사망한 직원의 부모는 자식의 명예회복을 시켜달라고 간절히 당부했다.

마음이 무거웠다. 그러잖아도 저축은행 영업정지로 민심이 뒤숭

숭한데 이 사건은 언론의 관심을 증폭시켰다. 이 사건을 계기로 이 대통령이 금감원을 전격 방문하게 되었다. 전날 저녁 청와대로부터 대통령이 이튿날 아침 전격 방문할 것이라고 통보받았다.

왠지 꺼림칙했다. 대통령이 화가 나서 오시는 것 같은데…. 마음이 내키지 않았지만 대통령에게 보고할 내용을 곰곰이 생각해 보았다. 내가 부임한 이후 줄곧 구상해 온 금융감독원 혁신 방안을 이번 기회에 보고 드려야겠다고 생각하고 준비를 지시했다.

이튿날 아침 청와대에서 공식 통보가 왔다. 5분 이내의 내용으로 간략한 자료를 만들어 보고하라는 것이었다. 아무래도 보고 내용이 초점이 아니고 대통령 말씀이 방문의 목적이란 생각이 들었다. 사전 시나리오도 없이 진행된 대통령 방문은 많은 후유증을 낳았다. 필자가 부임 후 1개월 이상 고심해서 만든 금융감독원 혁신 방안은 '제대로 된 개혁 방안을 만들라'는 대통령의 지시에 빛도 보지 못하고 묻혀 버렸다. 대통령의 질책성 방문으로 금감원은 문제 집단으로 낙인찍혀 직원들의 사기가 크게 추락했다.

특히, 대통령이 금감원을 방문하기 위해 이동하는 차안에서 누군가의 즉석 건의를 받고 입고 있던 점퍼의 태극 마크를 떼었다는 이야기가 나중에 알려지면서 금감원의 분위기는 참담 그 자체였다. 차라리 금융위원장과 금감원장을 청와대로 불러 강력한 개혁을 주문했더라면 하는 아쉬움이 남았다.

금감원 직원들이 저축은행 비리로 구속되는 기사가 연일 줄을 이었다. 대국민 사과나 새롭게 출발하겠다는 대국민 약속도 하기 어려운 상황이었다. 새 출발을 약속했는데 계속 비리가 불거지면 더 어려운 처지로 내몰리게 될 것 같았다.

폭풍우가 몰아치는 와중에 저축은행 업무를 담당하다 검찰에 소환돼 조사를 받던 임원이 심적 부담을 견디다 못해 한강에 투신하는 사건이 발생해 우리 모두를 망연자실하게 만들었다. 그 임원은 다행히 목숨을 건졌고, 그 후 대법원에서 무죄를 선고받았다.

이 무렵 어떤 국회의원은 금융감독원을 '금융강도원'이라 질타했다. 국회 청문회와 국정조사에서도 금감원은 무능과 부패의 대명사인양 난도질당했다. 금감원 직원들의 표정은 말로 표현하기 어려울 정도로 굳어 있었고 분위기도 무거웠다.

나는 직원들과 연일 저녁식사 자리를 가지면서 기를 살려주려고 안간힘을 썼다. 새로 저축은행 검사국에 발령받은 직원들은 심리적으로 잔뜩 위축돼 있었다. 이들은 혹시나 검사 때 부실을 파악하지 못해 사후에 책임 추궁을 당할까 전전긍긍했다.

"모든 건 내가 책임질 테니 소신껏 하라."고 독려했지만 직원들의 의구심이나 두려움이 사라지는 것 같지는 않았다. 85개 저축은행에 대한 대대적인 경영진단에 들어가기 전에 검사국 직원들의 불안한 마음을 안심시키고 소신껏 검사에 임할 수 있도록 최대한 다독일 필요가 있었다.

마치 전쟁터에 나가는 병사들을 위로하듯 검사국 직원들과 돌아가며 저녁식사 자리를 갖고 결의를 불태웠다. 서로의 마음이 통했는지 검사국 직원들이 직원 수만큼 86송이 장미꽃을 내게 전달하였다.

가슴이 뭉클하면서 뭔가 잘 될 것 같은 예감이 들었다. 당시 금감원 저축은행 파트에 근무하는 한 직원이 사내 게시판에 올린 글이 화제가 되었다. 당시 금감원 직원들의 마음을 잘 대변해 주는 것 같아 일부를 발췌해 소개한다.

저축은행 검사 | 지난 1년의 회고

2012년 2월 2일부터는 2011년 말 기준으로 최종적인 경영개선 계획 이행 여부를 점검하기 위한 마지막 점검을 시작했다. 계절이 두 번 바뀌면서 검사역들은 지쳐갔다. 이미 두 차례 강도 높은 현장 검사를 통해 다수의 검사역들이 병을 얻었고, 실체가 없는 유령과의 전쟁, 최선을 다했으나 미처 밝혀내지 못한 부실에 대한 책임추궁 가능성 등은 검사역의 숨을 옭아매는 것이었다. 지나친 규정 적용이라는 비난과 직무유기라는 극단의 딜레마 속에서 우리는 외줄에 올라선 것과 같은 외로움과 마주하고 있었다.

아는 만큼 보이는 것이니 검사가 진행될수록 부실의 뿌리는 명확해졌다. 다수의 저축은행에서 유사한 부실 은폐 패턴이 발견되었다. 우리가 발견한 것은 상당수 이자가 납입되고 있는 외형상 정상 대출이었으나, 실상은 대출로 이자를 내고 있는 부실 대출이었다. 규제 회피 수법은 진화하고 있었고, 그에 대한 검사는 강도를 더할 수밖에 없었다.

상황이 이러한지라 소수의 검사역이 2주간의 검사에서 부실의 뿌리를 밝혀내지 못했다는 비난은 너무 가혹한 것이었다. 정보의 비대칭성이 전제된 검사에서 단기간의 부문 검사를 통해 뿌리 깊은 부실의 실체를 규명하는 것은 요원한 일이었다. 우리는 신에게 진리를 구하는 구도자의 심정으로, 자발적인 협력에 기반을 둔 검사 수단만으로 부정의 실체를 파헤치려 했다.

돌이켜보면 우리가 든 것은 독이 든 술잔이었으나, 이는 국민의 종복인 우리가 기꺼이 받아야 할 성배(聖杯)였다. 우리는 유령과 맞서 싸우는 소임을 다하기 위해 아침마다 예지자의 심정으로 제단에 올랐고, 저녁에는 데카르트의 책을 들고 그 제단을 내려왔다. 지난 1년간 우리는 국민과 스스로에 대해 부끄럽지 않게 달려왔다고 믿는다. 그것은 우리를 밀어가는 힘이었고, 저주받은 감독자의 운명을 위로하는 유일한 위안이었다.

저축은행 사태로 지친 심신을 달래줄 유일한 위안거리는 주말 등산이었다. 당시에는 다른 사람과 눈이 마주치는 것이 싫어 아무도 없는 이른 새벽에 산을 올랐다. 직원들도 식사 자리에서 심적 고통을 호소해 왔다. 예전에는 아빠가 금감원에 다니는 것을 사랑스럽게 이야기하던 아이들이 이제는 숨기고 다닌다거나, '너 아빠 무슨 일 없느냐?' 고 선생님이 아이들에게 묻는 것이 몹시 힘들다는 이야기를 들을 때 수장으로서 가슴이 무척이나 아팠다.

직원들의 사기를 북돋우고 금감원의 추락한 신뢰를 회복하려면 일회성 자정행사나 개혁방안 발표보다는 물방울이 바위를 뚫는다는 수적천석(水滴穿石)의 자세로 끊임없이 쇄신하여 국민에게 다가갈 필요가 있었다.

소비자들이 실생활에서 도움을 받을 수 있는 작지만 실용적이고 생동감 있는 변화와 개혁을 추진했다. 금융사랑방버스 도입, 맞춤형 금융상담, 4대 금융범죄 예방 캠페인, 불법사금융과의 전쟁, 캠퍼스 금융토크, 불합리한 수수료체계 개편 및 금리 개선, 금융소비자 리포트 발간 등 서민과 소비자에게 한발씩 다가가는 노력을 꾸준히 전개했다. 그것만이 금감원과 금감원 직원들의 추락한 신뢰와 상처받은 자존심을 회복시키는 유일한 탈출구였기 때문이다.

저축은행 사태는 결코 잊을 수 없는 아픈 기억이었음에도 금감원이 거듭 나는 전기가 되었다고 생각한다.

금융감독체계 개편 핵심은 소프트웨어 개혁

감독 조직보다 감독 종사자의 권위적인 의식과 관행이 더 문제

글로벌 금융위기 이후 전 세계적으로 금융소비자 보호가 강화되는 추세다. 미국·영국 등을 포함한 일부 국가는 금융소비자 보호 강화에 초점을 둔 감독체계 개편을 추진하고 있다.

우리나라도 2012년 대선 기간 동안 어떤 후보는 금융감독체계 개편 공약을 발표한 바 있나. 박근혜 정부도 출범 후 대통령의 지시로 금융감독원을 금융감독원과 금융소비자보호원으로 분리하는 방안을 정부 방침으로 확정하였다.

전 세계적으로 볼 때 많은 나라가 우리나라와 같이 통합형 감독체계를 갖고 있으나 중국처럼 은행, 증권, 보험 등 분야별로 감독기구를 갖고 있는 분권형 감독체계를 갖는 나라도 있고, 호주처럼 건전성감독과 영업행위(소비자보호) 감독을 분리한 쌍봉형 감독체계를 갖고 있는 나라도 있다.

우리나라는 외환위기를 거치면서 감독의 효율성 제고를 위해 4개 감독기관을 하나의 기구로 통합한 금융감독원을 1999년 출범시켰다. 그러나 당초 통합의 취지와 달리 기능적이고 화학적인 통합은 아직도 이루어지지 않고 있으며, 크고 작은 금융회사들이 부실로 문을 닫아 예금자나 투자자들의 피해가 발생하기도 했다. 소비자 보호를 소홀히 한 사례도 적지 않다.

특히 소비자 보호를 소홀히 한 사례에서는 감독조직(하드웨어)의 문제도 일부 있지만 감독 종사자의 의식 및 관행(소프트웨어)에 더 큰 문제가 있다고 본다. 외환위기 이후 금융당국 종사자들의 잠재의식 속에 금융부실 재발을 방지하기 위해 무엇보다도 건전성 감독을 중요시하다 보니 소비자 보호가 뒷전으로 밀리는 상황이 벌어지게 되었다.

이번에 금융소비자보호원이 분리·독립되는 방향으로 개편되면 금융소비자 보호는 한층 강화될 것으로 예상된다. 하지만 정작 중요한 것은 금융소비자보호원에 근무하는 임·직원들의 의식과 관행이다. 이들의 생각이 소비자 중심으로 바뀌지 않으면 자칫 금융회사에 군림하는 또 하나의 감독 기관이라는 인식을 줄 가능성이 있다.

두 기관의 권한 다툼이나 업무 중복으로 오히려 금융회사의 부담이 늘어나면서 그것이 소비자 피해로 전가되거나 소비자 보호에 사각지대가 생겨날 수 있다. 이런 점을 염두에 두고 세심한 주의를 기울여야 할 것이다.

한국판 SEC(미국증권거래위원회)를 만들자

**미국 SEC처럼 법원 판결 없이도 부당이익 환수할 수 있도록 해
증권범죄에 보다 엄중히 대처해야**

증권시장은 흔히 '자본시장의 꽃'으로 불린다. 하지만 매일 천문학적인 규모의 거래가 이루어지다 보니 증권시장에서는 각종 불공정거래 행위가 활개를 친다.

주가조작, 부정거래, 미공개 정보이용 등 불공정거래 행태는 실로 다양하다. IT기술의 발달과 더불어 사이버 거래 비중이 가파르게 늘어나면서 최근에는 사이버상의 불공정거래 행위도 급증하고 있다.

증권시장의 침체가 장기화 조짐을 보이고 있는 최근에도 증권범죄는 줄어들기는커녕, 오히려 수법이 지능화되고 대형화되고 있다. 증시 불공정거래의 피해자는 언제나 그렇듯이 개미투자자들이다.

금융감독원장 재임 시절 강력한 단속을 벌인 정치 테마주만 하더라도 35개 종목의 1년간 거래참여 계좌 중 195만 개 계좌에서 1조

5500억 원의 개인투자자 손실이 발생했다. 한 언론사가 분석한 자료에 따르면 2012년 대선 기간 동안 정치 테마주 131개의 주가가 최고가 대비 약 23조 원이 빠졌다고 한다.

우리나라 증시에서 불공정거래가 유독 심한 이유는 증권범죄에 대한 조사와 처벌이 느리고 제재도 솜방망이 수준이어서 '증권범죄는 걸려도 남는 장사'라는 인식이 널리 퍼져 있기 때문이다. 금감원 자료에 따르면 금융 당국이 검찰에 고발·통보한 사건의 최근 5년간 (2008~2012년) 평균 기소율은 72%였다. 금감원 부원장보를 역임한 김동원교수가 작성한 보고서에 따르면 2010년 기준으로 1심 재판에서 금융사범에 대한 징역형 선고 비율은 11.6%에 불과했고, 그나마 형량이 낮거나 집행유예가 많았다.

금융위원회 부위원장이 겸임토록 돼 있는 증권선물위원회 위원장으로 일하며 증권범죄 관련 사건을 심의하다 보면 이전에 증권범죄로 기소됐던 사람들이 또 다른 범죄에 연루돼 몇 차례나 심의 안건에 올라온 것을 볼 수 있었다. 한마디로 증권범죄자들이 법을 두려워하지 않고 활개를 치고 있다는 것을 보여주는 사례라고 할 수 있다.

자본주의 질서가 뿌리를 내린 미국에서는 주가 조작이나 분식회계 등 금융범죄에 대해서는 가혹하리만큼 처벌이 엄격하다. 한번 걸리면 패가망신하는 것은 물론 당사자는 평생 감옥에서 보내야 한다. 미국 역사상 최악의 회계부정을 저지른 엔론사의 전 최고경영자는 24년 징역형을 선고받았고, 금융사기를 저지른 메이도프 전 나스닥 증권거래소 위원장은 무려 150년 형을 선고받았다. 이들에게는 징역형과 별도로 부당이익 전액 몰수 및 천문학적인 규모의 민사제재금(추징금)도 부과된다.

새 정부는 증권범죄를 민생범죄 차원에서 척결하려는 대통령의 강력한 의지에 따라 주가조작 등 개인투자자를 울리는 불공정거래를 근절하기 위한 종합대책을 발표했다. 지금까지 1년 이상 걸렸던 증권범죄 조사와 수사를 신속히 처리토록 절차를 보완하는 한편, 긴급 사안이라고 판단되면 금감원이나 금융위의 심의 절차를 거치지 않고 검찰이 바로 수사에 착수할 수 있도록 했다.

사실 그동안 증권 관련 범죄는 한국거래소와 금융감독원, 검찰이라는 3단계의 절차를 거치느라 범죄 혐의가 입증되기까지 오랜 시일이 소요됐다. 그러는 사이 또 다른 범죄를 저지르는가 하면 증거를 인멸하거나 해외로 달아나는 바람에 수사에 어려움도 많았다. 하지만 이제는 초동단계에서 금융당국이 보다 신속하게 조사할 수 있도록 금융위 조사 공무원과 금감원 파견 직원에게는 특별사법경찰관 지위가 부여됐다. 또 증권범죄로 징역형이 선고되면 부당이득을 전액 환수하고 부당이득의 최대 세 배까지 벌금을 부과할 수 있도록 했다. 증권 불공정거래 신고포상금도 최대 3억 원에서 20억 원으로 상향조정됐다.

이번 대책으로 증권 관련 범죄는 상당히 줄어들 것으로 예상된다. 하지만 내 경험에 비춰보면 몇 가지 아쉬움이 남는다. 지금도 여전히 3단계(한국거래소 · 금감원 · 검찰)에 이르는 주식 불공정거래 처리절차의 기본틀은 바뀌지 않았다.

또 금융위나 금감원 일부 직원에게 특별사법경찰관 지위를 부여했다고 하나 대부분의 금감원 조사 담당 직원에게는 사법 권한이 없어 적시에 불법거래를 조사하는 데 한계가 있다. 부당이득을 환수하는 규정이 신설됐지만 법원이 징역형을 선고했을 경우에만 환수할 수 있도록 제한을 둔 점도 아쉬운 대목이라 하겠다.

최근 대법원이 주식 불공정거래를 반사회적 범죄로 규정하고 양형기준을 강화하겠다고 예고했으니 추이를 지켜볼 일이다. 하지만 증시 불공정거래 문제에 보다 적극적으로 대처하는 방편으로 미국 증권거래위원회(SEC)와 유사한 권한을 부여하는 방안도 검토할 필요가 있다고 본다.

현재 우리나라에서는 금융위원회 부위원장이 증권선물위원회 위원장을 겸하면서 각종 증시 불공정거래 및 회계부정 사건 등을 심사하는 위원회를 주재한다. 그러나 국회 출석이나 유관기관 회의 등 일상 업무에 쫓기다 보니 회의를 제대로 주재하기 어렵고 회의자료도 꼼꼼히 살펴볼 겨를이 없다. 나머지 3명의 위원 중 2명은 비상임이어서 복잡한 안건을 깊이 있게 심사하기엔 역부족이다.

따라서 미국 SEC처럼 증권선물위원회 위원장을 별도로 임명하고 법률관계 전문가도 위원회의 위원으로 다수 참가시키고 법원의 판결 없이도 부당이익을 환수할 수 있는 권한을 부여하면 증권범죄에 보다 신속하고 강력하게 대처하는 일이 가능할 것이라 생각된다.

공공 부문 개혁에
국가 미래 달렸다

박근혜 정부는 성장과 복지, 그리고 재정건전성 유지라는 세 마리 토끼를 한 꺼번에 잡아야 하는 힘든 과제를 안고 출범했다. 외환위기 당시 김대중 정부는 기업·금융·노사·공공 등 4대 개혁을 추진했으나 노사와 공공 부문 개혁은 아직까지도 이렇다 할 성과를 내지 못하고 있다. 미국, 유럽, 일본의 사례에서 보았듯이 한국이 재정위기를 겪은 선진국의 전철을 밟지 않으려면 과감한 예산 개혁과 세제 개혁에 박차를 가해야 한다. 한국은 무역 의존도가 100%나 되는 소규모 개방국가로, 그동안 튼튼한 재정건전성이 한국 경제를 제2의 외환위기로부터 지켜주는 방패막이 역할을 했다. 따라서 재정건전성 확보를 위한 세제 및 재정 개혁은 경제안보를 지킨다는 사명감으로 추진되어야 한다.

세수 부족 국민에게 제대로 알려야

국민 뜻 모아 세출예산 개혁과
증세문제 본격 논의할 때

당초 예상보다도 2013년 세수 부족이 심각하다. 기획재정부가 국회에 제출한 자료에 의하면 연간 7조~8조 원의 세수가 부족할 것으로 전망됐다. 국내외 경기둔화로 인한 부가세·관세 등 간접세 감소와 기업·금융기관들의 이익 감소로 법인세가 줄어드는 것이 주된 요인이다.

2014년 이후에도 미국 등 선진국의 양적완화 중단과 금리인상 가능성, 그리고 국내적으로는 가계부채 축소에 따른 소비여력 위축 등으로 형편이 나아질 것 같지 않다. 최근 국회 예산정책처는 세수 부진이 경기 요인뿐 아니라 구조적 요인에도 기인하고 있어 단기간에 해소되기는 어려울 것으로 전망했다.

이런 이유로 박근혜 정부가 국민행복시대를 열어가기 위해 추진하려는 일자리 및 복지 확대에 필요한 재원 마련이 쉽지 않을 것으로 걱정하는 전문가들이 많은 것 같다. 세수 부족의 근본 원인은 이미 선진국들이 경험했듯이 우리 경제가 저성장·고령화로 접어들기 때문일 것이다.

과거 일본 등 선진국의 경험을 보면 저출산·고령화에 따른 인구구조 변화로 세입 구조는 만성적으로 취약해지는(비교적 고소득군에 속하는 베이비부머들의 퇴장으로 주요 세목인 근로소득세 감소와 노후 대비에 따른 소비 위축으로 간접세 감소) 반면 세출은 복지수요 확대로 계속 증가하여 재정건전성은 급격히 악화된다.

우리나라도 앞으로 선진국과 같은 경로를 걸을 수밖에 없다는 점을 감안할 때 특단의 노력을 기울이지 않으면 지금과 같은 재정건전성을 유지하기 어려울 수 있다. 과세 당국은 그동안 금융 완화로 인한 기업실적 호조와 카드사용 확대에 따른 과표 양성화로 비교적 손쉽게 세수 목표를 달성해 왔으나 앞으로 종전과 같은 방식으로는 세수 목표 달성이 결코 쉽지 않을 것 같다.

정부도 이런 점을 염두에 두고 대기업과 고소득자를 중심으로 비과세·감면 축소 방안을 추진하고 있고, 지하경제 양성화를 위해 금융 당국과 세정 당국이 협력을 강화하고 세무조사를 확대하고 있다. 삼성전자나 현대차와 같은 수출 대기업은 생산기지 해외 이전 등으로 국내 고용창출 효과가 크게 떨어지는데도 기존의 세제 지원은 그대로 유지되고 있다. 국가 경제에 대한 기여도와 달라진 시대 환경에 맞게 이번 기회에 세제 지원제도를 근본적으로 개선할 필요가 있다고 본다.

지하경제의 양성화도 필요하지만 노출된 세원에 대한 과세 정상화에도 정책적인 변화가 필요하다. 예를 들면, 월세형 주택 임대사업자 증가에 맞추어 주택 임대사업자에 대한 과세 강화와 함께 그동안 소홀히 취급해 온 상업용 빌딩에 대한 임대소득 과세에도 관심을 가져야 할 것이다.

서울 도심에 밀집해 있는 빌딩들을 대상으로 지난 십 수 년 간 임대료 상승분에 비례해 과표 상승이 이루어졌는지도 점검할 필요가 있다. 국내 자본축적이 어려운 시절에 자본형성과 금융산업 육성을 위해 상대적으로 세 부담을 낮게 유지해 온 거액 자산가나 대주주들의 이자수입, 배당금, 주식양도차익 등 금융자산가들의 금융소득과 자본이득에 대해서도 과세를 강화해야 할 것으로 본다.

흔히 경제가 어려울 때 재정수입을 늘리기 위한 이런 노력들이 기업의 투자 마인드를 위축시키고 고소득자들의 지갑을 닫게 한다는 이유로 강력한 저항에 직면하게 된다.

그러나 그리스 등 많은 나라들이 이해관계 집단의 반발로 재정건전성 개선 노력이 번번이 무산되어 국가부도 위기라는 막다른 상황에 몰리고 나서야 외압에 못이겨 세수증대와 예산절감을 추진했다. 이런 사례를 타산지석으로 삼아야 한다.

우리나라는 세계 10대 무역국가 중 무역의존도가 가장 높고 성장의 50% 이상을 수출에 의존하는 소규모 개방경제 국가인데다 기축통화국도 아니어서 크고 작은 글로벌 위기가 발생할 때마다 핫머니

유출입과 금융시장 변동성 확대로 어려움을 겪어 왔다.

2008년 글로벌 금융위기, 2011년 유럽 재정위기, 그리고 가까이는 벤 버냉키 미국 FRB 의장의 출구전략 발표로 세계 금융시장이 요동칠 때마다 국내 금융시장이 나름대로 선방할 수 있었던 배경에는 비교적 건실한 재정건전성이 한 몫을 했다.

무디스 등 세계 3대 신용평가회사들이 한국 경제를 평가할 때마다 단골 메뉴로 거론한 강점 중 하나도 국가 재정건전성이다. 따라서 정책 당국자들은 남북대치 상황에서 국가안보에 소홀히 할 수 없듯이 재정건전성 확보 역시 경제안보를 지키는 문제로 무겁게 받아들여야 한다.

세수 부족을 국채 발행에 의존했다가 재정위기에 빠진 그리스 등 남유럽 국가의 전철을 밟아선 안 된다. 국민적 공감 아래 세출예산 개혁과 증세 문제를 본격적으로 논의할 때라고 본다.

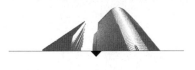

부유세와 종부세
세금으로 투기 억제하겠다는 정책은
시장 왜곡시켜 많은 후유증 남겨

노무현 정부 시절인 2004년 봄에 국무조정실 재정금융심의관에서 재정경제부 재산소비세제심의관으로 자리를 옮겼다. 그동안 재경부를 떠나 2년 정도 국무조정실에 근무하다 복귀하게 된 것이다.

복귀 후 얼마 되지 않아 청와대로부터 부유세 신설을 검토해 보라는 지시를 받았다. 노무현 정부 출범 초기 정권 핵심 인사들이 내세웠던 경제관을 잘 반영하라는 취지라고 판단했다. 부유세는 스웨덴, 핀란드, 노르웨이 등 유럽의 일부 선진 복지국가들이 20세기 초 도입했던 세제다. 매년 말 재산 총액에서 부채의 총액을 제외한 순자산(Net Wealth)이 일정 금액을 초과하면 초과분에 대해 과세하는 제도다.

현재 유럽에서는 프랑스, 아이슬란드, 스페인, 노르웨이, 스위스가 시행하고 있고, 아시아에서는 인도, 스리랑카, 파키스탄이, 중남미에서는 콜롬비아, 우루과이 등이 도입하고 있다. 일본, 독일, 오스트리아, 덴마크, 네덜란드는 한때 시행했다가 부작용 때문에 폐지한 경험이 있다. OECD는 노르웨이, 핀란드, 스웨덴에 대해 부유세 폐지를 권고한 바 있다.

당시 부유세를 도입하여 시행해 온 나라들을 면밀히 조사한 결과, 대부분의 나라들이 부유세 도입으로 분배문제 해소나 세수 확보라는 소기의 목적 달성보다 자본유출과 기업투자의욕 상실이라는 훨씬 큰 부작용에 직면했다는 사실을 확인했다. 이들 국가들은 나중에 제도를 폐지하거나 제도를 유지하더라도 실효성이 낮은 것으로 평가하고 있었다.

청와대에 이러한 조사결과를 보고하면서 부동산이 가계자산의 75% 이상을 구성하고 있는 우리나라에서는 종합부동산세가 오히려 실효성이 있다는 점을 꾸준히 설득하여 결국 부유세는 도입하지 않게 되었다.

부유세는 2012년 대선 국면에서도 일부 의원들이 양극화 해소와 복지재정 확충 방안으로 들고 나와 다시 관심을 끌었다. 한국조세재정연구원 노영훈 박사는 2012년 말 '부유세와 종합부동산세' 라는 보고서에서 2011년 가계금융자산 조사 자료를 바탕으로 순자산 9억 원 초과 15억 원 이하는 0.75%, 15억 원 초과 30억 원 이하는 1%, 30억 원 초과는 1.5% 세율을 적용하면 약 92만 가구에서 7조 원이 넘는 세수를 확보할 수 있다고 주장했다.

그의 주장대로라면 박근혜 정부의 복지공약을 뒷받침할 만한 재원확보 수단이 되는 것이다. 그러나 부동산 가격이 급등한 노무현 정부 시절에도 각종 부작용 우려 때문에 도입이 어려웠는데 부동산 침체가 지속되고 있는 현 상황에서 부유세를 도입하면 부동산 시장의 침체를 가속화할 우려가 있다는 점을 간과해선 안 된다.

게다가 부유세는 자산에서 부채를 뺀 순자산에 대해 세금을 부과하므로 가뜩이나 가계부채가 많은 우리 현실에 비춰볼 때 세금을 회피하기 위해 부채를 늘리는 악순환을 초래할 수 있다. 부동산을 제외한 골동품이나 그림, 보석 등은 과세 기술상 자산 규모 파악도 쉽지 않고 관련 업계와의 마찰도 생길 수 있다.

그래서 노무현 정부 시절 부유세 대신 종합부동산세가 대안으로 검토되었으나 전국 250여 개에 달하는 지자체의 반대가 가장 큰 걸림돌이었다. 지자체는 종부세 도입이 지방자치의 바탕이 되는 자주세입 권한을 훼손하는 것이라며 극구 반대했다. 특히 재정 형편이 상대적으로 나은 서울 강남구를 비롯한 일부 지자체들이 반대에 앞장섰다. 당시 전국 지자체협의회장을 맡고 있던 강남구청장을 찾아 토론과 설득을 벌인 기억이 아직도 생생하다.

우여곡절 끝에 종부세는 2004년 국회를 통과해 2005년부터 본격 시행에 들어갔다. 하지만 종부세 도입에도 부동산 가격의 상승세가 꺾이지 않자 청와대 일부 참모들은 종부세가 당초 계획보다 너무 약하게 도입되어 투기억제 역할을 제대로 못한다고 비판했다. 투기억제 대책을 담당하는 공무원들이 서울 강남에 많이 살고 있어 용두사미가 됐다는 이야기도 들렸다.

이런 이유 때문인지 몰라도 종부세 도입을 주도했던 이헌재 장관과 세제실장이 물러나고 한덕수 장관이 새로 부임하면서 부동산 투기 대책팀도 교체되었다. 내가 맡고 있던 종부세 업무도 새로 만들어진 부동산 실무기획단에 이관되었다.

그 후 '8.31 부동산 투기억제대책'이 발표되면서 종합부동산세는 '세금폭탄'이란 비판을 들을 정도로 과제 기준이 대폭 강화됐다. 하지만 종부세 강화를 핵심으로 한 '8.31 대책'에도 불구하고 한번 불붙기 시작한 부동산 가격 오름세는 꺾일 줄 몰랐다. 노무현 정부 5년 동안 부동산가격 폭등세는 가장 큰 골칫거리였다.

돌이켜보면 노무현 대통령은 세금으로 투기이익만 환수하면 부동산가격 상승을 부추기는 투기를 차단할 수 있을 것이라고 생각했던 것 같다. 그러나 부동산 가격은 세금 요인 하나로 좌우할 수 있는 성질이 아니다. 정부의 개발정책, 금융 등 투기를 유발하는 다른 요인들도 함께 고려했어야 했다.

당시 지역균형 발전이라는 명목으로 매년 수십 조 원의 돈이 풀려나가면서 수도권으로 다시 흘러들었고, 수도권 재건축 규제 완화나 판교 신도시 개발 등 개발이익을 부추길 만한 요인들이 많았다. 금융 측면에서도 은행의 대출 경쟁으로 주택담보대출이 기하급수적으로 늘어나고 있었다. 이처럼 불난 집에 기름을 끼얹고 부채질하면서 세금폭탄만 투하한다고 부동산 가격이 안정되기는 어려웠던 것이다.

노무현 정부 말인 2007년부터 주택담보인정비율(LTV), 총부채상환비율(DTI) 규제 강화로 돈줄을 죄고 글로벌 금융위기까지 도래하면서 부동산시장은 간신히 고삐가 잡혔다. 하지만 이제는 그 시절 쏟아낸 갖가지 부동산 관련 세금과 규제가 부동산시장을 짓누르는 요인이 되고 있다.

세금폭탄으로 투기를 억제한다거나 가진 자들을 손보겠다는 식의 정책은 정책의 목표를 달성하기도 어려울 뿐만 아니라 시장을 왜곡해 엄청난 후유증을 남기게 된다는 사실을 종부세와 부유세가 증명하고 있다.

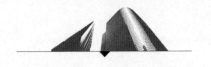

일감 몰아주기 과세 단상

재벌의 일감 몰아주기 규제 필요하나
기술적 어려움 극복하는 게 과제

일감 몰아주기 규제 및 과세가 정치권과 재계의 뜨거운 감자가 되었다. 일감 몰아주기 과세는 우여곡절 끝에 2013년 7월부터 시행에 들어갔다. 하지만 국세청이 증여세 과세 대상으로 분류한 1만 여 개의 기업 중 99%가 중소·중견기업으로 드러나면서 재벌의 편법 증여를 막겠다는 법안이 도리어 중소·중견기업의 숨통을 죈다는 불평이 쏟아지기 시작했다.

정부는 2013년 8월 세법개정안을 내놓으면서 중소기업에 대해서는 과세 기준을 일부 완화했으나 중소기업계에서는 여전히 미흡하다고 볼멘소리다. 또 완화 대상에서 제외된 중견기업들은 자신들도 중소기업과 같은 잣대를 적용해달라며 정부와 국회를 향해 탄원서와 건의문을 잇달아 내놓고 있다.

일감 몰아주기 규제 관련법도 2013년 상반기 국회를 통과했다. 공정거래위원회는 총수가 있는 자산 총액 5조 원 이상 대기업집단 계열사 중 총수 일가 지분이 일정 규모 이상(상장사 30%, 비상장사 20%)인 기업을 대상으로 계열사 간 내부거래를 일감 몰아주기로 규제하는 방안을 시행령에 규정할 방침이다.

이 기준에 따르면 총수가 있는 대기업 집단 계열사 1519개 가운데 상장사는 롯데쇼핑 등 29개, 비상장사는 에버랜드 등 150개가 일감 몰아주기 규제 대상이 된다. 공정거래위원회의 기준은 총수 일가 지분율 50% 이상 계열사만 규제 대상으로 삼아야 한다는 재계의 요구보다 규제 대상이 광범위해서 재계가 반발하고 있다.

일감 몰아주기 과세가 처음 제기된 것은 내가 재정경제부 재산소비세제 국장으로 있던 2006년경으로 거슬러 올라간다. 당시 자동차 수출 운송을 담당하던 비상장 업체인 글로비스는 현대차그룹으로부터 각종 일감을 지원받아 수년 만에 조 단위의 매출을 올리는 기업으로 급성장했다. 그러자 글로비스가 상장하는 과정에서 발생한 1조 원이 넘는 상장 차익에 대해 그 성격을 어떻게 규정하고 증여세를 과세할 것인지 하는 문제가 쟁점이 되었다.

나는 당시 총수 2세(정의선 현대차그룹 부회장)가 약 100억 원에 불과한 돈(이 돈에 대한 증여세는 납부했음)으로 설립한 글로비스가 일감 몰아주기를 통해 조 단위 규모의 기업으로 성장한 사실에 주목했다. 상장을 통해 챙긴 막대한 상장 차익으로 현대차그룹의 모기업 격인 현대정공(지금의 현대 모비스)의 주식을 매집해서 세금 한 푼

내지 않고 현대차그룹 승계를 도모하는 것은 사회정의에 반한다고 생각했다. 그래서 일감 몰아주기와 비상장기업 상장차익과의 연계 고리를 밝혀 증여세를 부과하는 방안을 추진하였다.

이 문제는 나중에 청와대에까지 보고되어 몇 차례 회의가 있었고, 노무현 대통령이 주재하는 회의도 있었던 것으로 기억한다. 그러나 실무적인 검토과정에서 현대차의 일감 몰아주기가 공정거래법에 규정된 '현저히 이익을 주는 부당한 거래' 인지 여부를 따져본 결과 법규상 정상거래라는 판단이 내려졌다. 단순히 일감을 몰아줬다는 사실만으로는 당시의 공정거래법이나 세법으로 규제하기 어려웠던 것이다.

게다가 일감 몰아주기는 재벌만의 문제가 아니고 중소·중견기업까지 광범위하게 이루어지고 있어 일감 몰아주기를 과세로 억제하기에는 어려움이 있다는 견해도 적지 않았다. 소득이 발생하면 특정 집단을 가리지 않고 일률적으로 과세해야 한다는 조세원칙으로 인해 재벌만 과세대상으로 한정하기 어렵다는 문제점에 직면했다. 그렇다고 모든 기업을 과세하기에는 실태파악도 쉽지 않았을 뿐더러 일감 몰아주기가 우리 사회 전반에 광범위하게 퍼져 있는 관행인 점도 무시할 수 없어 현실적으로 무리라고 판단했다.

그래서 나는 시장우월적 지위에 있는 재벌의 일감 몰아주기만 공정거래법으로 규제하면 되지 않을까 생각했다. 글로비스의 사례처럼 비상장기업이 일감 몰아주기로 성장한 후 상장을 통해 막대한 상장차익이 발생한 부분에 대해서는 과세하는 방안이 있지 않을까 검토했으나 이 역시 당시 세법으로는 어려운 것으로 드러났다.

2007년 4월 3년간의 세제실 근무를 마치고 금융감독위원회 감독 정책국장으로 자리를 옮기면서 그 후의 일은 챙겨보지 못했다.

이명박 정부 들어서도 재벌의 일감 몰아주기를 방지하기 위한 시도가 있었다. 2011년 일감 몰아주기 규제 입법이 탄생한 배경인 것으로 알고 있다. 하지만 박근혜 정부 출범 전후로 경제민주화 바람에 편승해 정부와 정치권이 의기투합하면서 일감 몰아주기를 통한 편법증여에 대한 규제가 힘을 받기 시작했다.

일감 몰아주기 규제 논란은 이제 시작 단계다. 건전한 경제 생태계와 공정한 경쟁여건 조성을 위하여 재벌의 일감 몰아주기에 대한 규제는 필요하다고 생각한다. 그러나 동시에 모든 기업에 동일한 기준으로 과세해야 하는 조세원칙상 세금으로 일감 몰아주기를 규제하는 것은 효과에 비해 무리가 따를 것이라는 생각도 지우기 어렵다.

중립적인 세제운용 필요하다

**예산지출과 조세지원을 통합 단순화하는 방향으로
세제개편 추진 필요**

나는 공직생활의 첫발을 세무서 과장에서 시작했다. 25세에 행정고시에 합격하여 북대구세무서 총무과장으로 부임했다. 당시 총무과장 밑에는 5명의 계장이 있었는데 모두 정년을 목전에 둔 50세 후반의 '왕고참' 들이었다. 공직의 첫걸음부터 연세 많은 아랫사람과 잘 지내는 법을 배워야 했다.

그러다 보니 젊은 고시 출신 과장들이 현실과 적당히 타협하면서 원만하게 일을 처리하는 데 어려움이 많았다.

많은 젊은 세무서 과장들의 희망은 재무부 진입이었다. 나도 중부산세무서 법인세 과장을 끝으로 마침내 재무부 세제실로 발령받았다. 재무부 세제실에서는 3년간 부가가치세, 주세, 특별소비세, 소득세, 조세감면규제법 등 다양한 세제를 담당했다. 조세감면규제법 담당 사무관 시절에는 5년마다 조세감면 시효가 끝나는 시점을 만나 대대적인 법 개정 작업을 추진한 바 있다.

1987년 세제실 근무를 마치고 금융 관련 분야를 두루 거쳐서 17년 만인 2004년 다시 세제실 국장으로 복귀하였다. 그 동안 세제에도 많은 변화가 있었으나 밤낮으로 고생하는 세제실의 분위기는 달라지지 않았다. 재산소비세제 국장으로 3년간 근무하는 동안 종합부동산세법 제정, 부동산 투기억제를 위한 세제개편, 에너지세제 개편, 자영업자 및 중소기업 지원을 위한 각종 세제지원 등 많은 세제개편이 있었다.

세제개편 업무를 담당하면서 세제개편이 경제성장 지원이나 소득재분배 강화, 기업경쟁력 강화, 부동산 투기억제 등 당초 기대했던 목적을 얼마나 실현했는지, 효과가 있었다면 얼마나 기여했는지 항상 궁금했다. 직·간접적인 조세지원으로 자원배분이 왜곡되거나 세 부담의 형평성이 도리어 악화되지는 않았나 하는 의구심이 들기도 했다.

그러나 조세개편의 정확한 효과를 측정하기란 현실적으로 쉽지 않다. 숫자로 측정하기 어려운 분야는 설문조사 방식을 동원할 수도 있으나 그동안 세제 당국은 세제개편 효과에 대한 면밀한 검증 없이 매년 세법개정 수요를 파악하여 세제개편을 단행했다는 생각이 들었다. 어떤 분야는 세제지원보다 재정지출을 통한 지원이 효과적일 수 있었는데 이에 대한 면밀한 비교검토도 부족하지 않았나 하는 아쉬움이 있었던 것도 사실이다.

여하튼 그동안 세제개편에서 나타난 현상을 토대로 돌이켜 보면 조세는 가급적 중립적으로 운영하는 것이 바람직하다고 생각된다. 과거 경제규모가 작고 시장경제가 발달하지 않은 시대에는 조세를 통한 경제성장 지원이나 분배 개선 등 경제·사회 정책적 목적 달성이 용이할 수 있었지만 지금은 상황이 다르다고 본다.

조세는 국민의 일상생활이나 경제활동에 지나치게 간섭하거나 영향을 미치는 부담스러운 존재가 되어선 안 된다. 그동안의 세제개편 역사가 이를 단적으로 말해준다. 예를 들면 재벌의 과도한 비업무용 토지 보유를 억제하기 위해 도입한 토지초과이득세나, 부동산 투기 억제와 지역균형 발전 명분으로 도입한 종합부동산세는 국민생활에 과도한 부담을 주거나 부작용을 초래했다는 이유로 폐기되거나 대폭 수정되었다.

또 지나친 세금 부과는 항상 유·무형의 조세저항과 각종 후유증을 남긴다. 자영업자들의 집단 반발이나 고소득 계층의 '보이지 않는 조세저항'으로 국민경제에 많은 왜곡을 불러오기도 한다. 게다가 글로벌 시대를 맞아 돈은 국경을 넘어 자유롭게 이동할 수 있기 때문에 세금이 과중하면 조세피난처를 찾아 다른 나라로 도피할 수 있다. 심지어는 열심히 돈 벌기를 포기하는 소극적 저항을 택할 수 있다.

과거 북유럽 국가에서 부유세를 도입하고 나서 재산과 자본의 해외 이탈이 일어나자 이를 폐기한 사례가 여기에 해당된다. 세금을 적게 내거나 회피하려고 불법에 가까운 절세대책이 횡행할 수도 있다.

정부가 이를 막으려 해도 언제나 뒷북을 치기 쉬운 것이 현실이다. 최근 복지재원 염출을 위해 정부가 취한 금융소득종합과세 강화나 지하경제 양성화 조치도 고소득층이나 기업의 보이지 않는 저항을 유발하거나 보다 은밀한 음성거래를 조장할 수 있다. 세금을 지나치게 정치적인 논리로, 혹은 사회정의라는 명분으로 접근하면 세금의 본래 기능인 재원조달과 공평과세에 차질을 빚을 수 있는 것이다.

따라서 중립성을 보장하면서 세금문제가 생업에 영향을 미치지 않는 범위에서 모든 계층이 큰 부담을 느끼지 않고 납세토록 하는 것이 가장 바람직한 조세정책이다. 이런 맥락에서 볼 때 저소득층에게 무조건 세 부담을 면제해 주기보다는 적은 액수라도 세금을 내게 하는 '국민개세주의', '넓은 세원, 낮은 세율'이 가장 이상적인 조세 체계이며 납세의 의무를 규정한 헌법정신에도 맞다.

앞으로 늘어나는 복지재원의 효율적인 조달을 위해서도 조세 체계를 본래의 목적에 맞게 가치중립적으로 단순화하는 것이 바람직하다. 그런 의미에서 예산지출과 조세지원을 통합하여 보다 단순화하는 방향으로 세제개편을 추진할 필요가 있다고 본다.

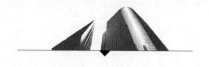

증세 없는 복지 없다

복지 포퓰리즘으로 국민에게
무임승차 환상 심어주면 안 돼

박근혜 정부가 2012년 대선 때 내걸었던 공약을 이행하려면 앞으로 5년간 무려 134조 8000억 원이 소요될 것이라고 한다. 정부는 2013년 5월 공약가계부 이행계획을 발표했는데, 세출절감을 통해 84조 1000억 원, 비과세 감면 및 지하경제 양성화 등을 통해 50조 7000억 원을 조달할 계획이라고 밝혔다.

하지만 재원 조달계획을 꼼꼼히 따져보면 구체적인 전략이 부족하고 실현 가능성에 고개를 젓는 전문가들이 적지 않다. 우선 세출 절감액 84조 1000억 원은 얼핏 봐도 무리다. 정부예산의 60% 이상이 인건비 등 경직성 예산이고, 나머지 예산도 국방, 복지, 농어촌, 교육 등 줄이기 쉽지 않은 분야이다. 각 분야마다 수많은 이해관계자와 예산 사수 또는 증액 논리가 도사리고 있다. 게다가 선거와 지역구표를 의식해야 하는 국회의원들의 성향으로 볼 때 사회간접자본(SOC) 예산이나 지역민원성 예산을 크게 줄이기란 결코 쉽지 않다. 여기에다 지역공약 이행에도 별도로 124조 원이 필요하다는 지적이 제기되고 있다.

예산지출을 제대로 줄이려면 제로베이스(Zero-Base)식으로 예산을 다시 짠다는 각오가 필요하다. 예산 당국은 매년 우선순위에 따라 시급성이 떨어지는 예산은 대폭 삭감할 것이라고 호언장담하지만 막상 뚜껑을 열고 보면 우선순위보다는 힘의 논리로 귀결되는 사례가 훨씬 더 많았다.

지하경제 양성화로 매년 10조 원을 조달하는 문제도 생각만큼 쉽지 않다. 지하경제의 상당 부분이 도박, 사금융 등 세금징수가 사실상 불가능한 분야가 차지하고 있고, 더구나 경기침체기에는 지하경제 양성화를 통한 세금징수가 더 어렵다. 오히려 과도한 세무조사가 기업 활동을 위축시켜 세금이 더 안 걷히게 되는 상황을 초래할 수도 있다.

최근 근로소득세 개편과정에서 실시한 국민의식 조사결과에서도 확인됐지만 복지 증대를 위해 기꺼이 세금을 더 내겠다는 사람은 의외로 많지 않다. 따라서 복지 증대를 위해 세금을 더 거두려면 국민적 공감대를 형성해 나가는 것이 무엇보다 중요하다.

국민에게 현 단계에서 무슨 복지가 필요하고 복지 내용별로 얼마만큼의 재원이 소요되는지, 그리고 누구를 대상으로 세금을 얼마나 더 거둬야 하는지를 소상히 밝히고 공감을 얻어야 한다.

그 과정에서 국민의 이해를 토대로 우선순위가 떨어지는 복지공약은 뒤로 미루는 등 구조조정하고, 지속가능한 복지를 위해 보편적 복지보다는 선별적 복지제도를 시행한 후 재정 형편을 보아가며 단계적으로 확대해 나가는 것이 바람직하다고 본다.

현재 경제활동인구 2300여 만 명 중 소득세를 내는 사람은 절반에 불과하다. 게다가 소득 상위 20%가 전체 소득세의 85%를 내고 있다. 세제에 뭔가 허점이 있는 것이다. 납세의무는 국민의 4대 기본의무 중 하나다. 우리 사회가 서민층에서 중산층으로, 중산층에서 고소득층으로 희망 사다리를 이어가려면 서민들도 능력에 맞게 소액이라도 세금을 납부토록 해서 건전한 납세문화에 익숙하도록 세제를 설계할 필요가 있다.

소득재분배는 세금정책보다 재정지출이나 기부문화 확산을 통해 추진하는 것이 보다 효율적이다. 세금은 부자를 가난하게 만들 수는 있어도 가난한 사람을 부자로 만들 수는 없다. 유럽 재정 위기에서 보았듯이 그리스, 스페인, 이탈리아 등 많은 국가들이 자기 분수에 맞지 않게 복지재정을 운영하다 나라 살림이 어려워지는 바람에 결국 국민들에게 고통분담을 호소하고 있다.

우리나라가 이와 같은 전철을 밟지 않으려면 '원칙 있는 복지재정 운영'이라는 기본을 망각해서는 안 된다. 그런 의미에서 윤증현 전 재경부 장관이 제시한 '복지 3원칙'은 귀담아 들을 필요가 있다. 윤 전 장관은 ● 자활의지를 도와주는 선에 그쳐야 하고 ● 한번 주면 취소하기 어렵기 때문에 지속가능해야 하며 ● 재원 우선순위 배분을 면밀히 따져 필요한 곳에 지원하는 맞춤형 복지여야 한다고 강조했다.

경제에서 '공짜 점심'이란 있을 수 없다. 복지도 마찬가지다. 무상복지라는 달콤한 이름으로 국민들에게 무임승차(Free Ride) 의식을 조장하거나 허황된 환상을 심어주어서는 안 된다. 정치권과 지자체 단체장들도 표만 얻고 보자는 식의 복지 포퓰리즘 경쟁을 지양해야 할 것이다.

저성장·고령화에
선제적 대응 필요하다

**손 놓고 있다간 일본이 겪은
장기 불황의 덫에 빠질 수 있어**

과거 1970~80년대 연평균 7~8%대 고도성장, 2000년대 중반까지 연평균 4~5%의 견고한 성장을 구가하던 우리 경제가 2008년 글로벌 금융위기 이후에는 연평균 3% 이하로 주저앉았다. 잠재성장률도 6%대에서 지금은 3%대 후반으로 추락했다. 최근 들어 국제경제기구나 국내외 경제연구소 등은 2%대에 진입하는 것도 시간문제라고 보고 있다.

본격적인 저성장 시대의 개막을 알리고 있는 것이다. 그런가 하면 2017년부터 65세 이상 노년층이 전체 인구의 14%를 넘는 고령사회로 진입할 것으로 예상돼 경제 활력도 갈수록 떨어질 것으로 보인다. 저성장·고령화 사회가 본격 도래하면 가장 심각하게 대두되는 문제는 일자리 감소와 이로 인한 사회불안 증대다.

잃어버린 20년을 겪은 일본도 장기불황으로 청년실업이 늘어나고 비정규직 근로자가 급증하면서 '하류사회'라는 신조어가 등장했다. 취업대란으로 꿈을 잃은 청년들이 급증한 결과다. 일본과 같은 장기불황의 덫에 빠지지 않으려면 선제적인 정책 대응이 긴요하다.

현 시점에서 정부가 취할 수 있는 정책 수단으로는 규제완화를 통한 민간의 투자의욕 고취와 경쟁 촉진, 예산 및 조세 지원 정도다. 그 중에서도 조세 부문은 과거의 고도성장 시절 실물경제 지원에 초점을 맞춰 마련된 만큼 환경 변화에 걸맞게 개편할 필요가 있다.

몇 가지 예를 들어보자. 먼저 수출 대기업에 대한 각종 세제 지원은 과거 외환사정이 어려웠던 시절에는 당위성이 있었을지 모르나 최근 수출 대기업들이 생산기지를 해외로 이전하는 상황을 감안하면 국내 일자리 창출에 기여하지 않는 부분까지 세금으로 지원해야 하느냐 하는 의문이 생기게 된다. 국내 일자리 창출에 기여하는 만큼 세제지원도 손질할 필요가 있다.

일각에서는 우리 기업들의 수출경쟁력을 지원해야 한다는 명분으로 법인세율 인상에 부정적이다. 그러나 우리나라의 2012년 기준 명목 법인세율은 OECD 34개국 중 21위로 낮은 편에 속하고, 각종 비과세·감면을 받고난 후의 실효법인세율은 선진국이나 경쟁국에 비해 훨씬 낮은 편이다. 특히 일부 수출 대기업의 실효세율은 10%대 수준으로 외국의 경쟁사는 물론, 국내 중견 기업보다 낮다. 대기업들이 국내 투자를 하지 않고 엄청난 현금을 쌓아 놓는 상황에서 세제지원을 계속하는 것이 바람직한지도 생각해 볼 문제다.

둘째, 그동안 세제지원은 제조업에 집중돼 왔다. 하지만 선진국의 추세를 감안할 때 앞으로 국내 일자리의 상당 부분이 서비스업을 통해 창출될 것으로 예상되므로 서비스업에 대한 세제지원을 강화할 필요가 있다.

셋째, 가계부채와 양극화로 위축된 소비를 활성화하려면 재정 지원을 통해 중산·서민층의 소비 여력을 높여주고 소비 여력은 있으나 소비를 하지 않고 있는 부자들의 소비를 적극 유도해야 한다.

그동안 세제·세정 당국은 상대적으로 소득 파악이 쉬운 봉급생활자들에 비해 고소득 전문직이나 재산가들에 대한 소득 파악에 허술한 점이 많았다. 지난 5년간 소득계층별 세금 증가율을 보면 저소득층에 해당하는 하위 20%는 43.5%, 서민층인 하위 20~40%는 66%나 세금 부담이 늘었지만, 상위 20%는 13.2% 증가에 그쳤다.

조세가 글로벌 금융위기 이후 심화된 양극화를 완화하기는커녕 오히려 악화시키는 결과를 초래한 것이다. 중산·서민층의 소비 여력이 위축되면서 내수경기도 좀처럼 살아나지 않고 있는 것이다.

따라서 박근혜 정부는 소득 파악이 상대적으로 허술했던 고소득 전문직과 재산가, 고소득 자영업자에 대해 세금을 제대로 징수해서 중산·서민층을 위한 복지재원에 사용토록 해야 할 것이다. 부자들의 소비를 유도하기 위해 소득세 최고세율은 높이되 국내 소비를 위해 지출된 비용은 공제범위를 확대함으로써 세수 감소 없이 소비를 촉진할 수 있도록 길을 터주는 방안도 검토해 봄직하다.

기업의 접대비 규제도 현실에 맞게 손질할 필요가 있다. 선진국에 비해 엄격한 접대비 손금한도를 완화하거나 폐지하는 것도 검토 대상에 올려야 한다.

넷째, 우리나라는 고령화 진전 속도가 세계에서 가장 빠르다. 이대로 방치하다가는 소비가 급격히 줄고 창업이나 투자도 위축될 수밖에 없다. 부의 세대이전을 통해 창업이나 투자를 활성화하려면 상속·증여세의 세 부담을 완화할 필요가 있다. 캐나다, 호주, 뉴질랜드, 이탈리아, 스웨덴 등 많은 나라들이 이런 이유로 상속세를 폐지했다. 미국도 2011년 상속제 폐지 국가 대열에 합류했다.

우리나라는 현재 상속·증여세 비중이 전체 국세의 1%에 불과하다. 하지만 많은 중견·중소기업 창업자들은 지나치게 높은 상속·증여세율 때문에 가업 상속이 중단될 처지에 놓였다며 볼멘소리다. 상속·증여세를 회피하기 위한 각종 편법증여가 기승을 부리고 있는 것도 간과해선 안 될 것이다.

게다가 법률적으로도 민법은 부부간 재산분할을 인정하고 있음에도 세법은 6억 원까지만 부부간 증여세 비과세 한도로 설정하고 있다. 법률적인 모순이다. 자녀들에 대한 증여세 비과세 한도를 3000만 원으로 규정한 것도 우리 경제의 규모나 국민소득 수준에 비춰보면 지나치게 낮은 감이 있다.

상속·증여세 폐지가 국민 정서상 어렵다면 증여세 비과세 한도를 확대하거나 증여세 세율을 낮춰 자녀들에게 부의 조기 이전을 촉진할 필요가 있다. '부자 감세'라는 정치 논리에 휘둘리다가는 저성장·고령화라는 더 큰 재난에 직면하게 될지 모른다.

세금 무서운 줄 알자

**아무리 좋은 정책도 국민의 공감대 없이는
성공하기 어려워**

정부는 2013년 8월 근로소득세제 개편과정에서 봉급생활자를 중심으로 한 중산층의 거센 반발에 부딪혀 큰 곤욕을 치렀다. 박근혜 대통령의 원점 재검토 지시로 일단 반발은 수면 아래로 가라앉았으나 세법 개정안 국회 심의과정에서 논란이 예고되는 등 후유증은 상당히 오래갈 것 같다.

사실 근로소득세제 개편 취지나 내용만 놓고 보면 정부가 그렇게 심하게 질타를 받을 일은 아니었다고 본다. 세제개편을 추진하는 방법에 있어 일의 순서나 타이밍, 홍보전략 등이 미숙했다는 게 나의 생각이다. 특히 전체적인 큰 그림을 놓고 세제개편의 당위성에 대해 사전에 충분히 설명하는 등 공감대 형성 노력이 부족했던 점은 아쉬움이 남는 부분이 아닌가 싶다.

우리 경제가 처한 재정상황이나 향후 복지수요 충족을 위한 재원 소요액, 그리고 이를 달성하는 데 필요한 세제개편이나 세정의 방향을 설명하여 국민적 이해와 공감을 얻어낸 후 세제개편을 추진했더라면 그처럼 큰 반발을 불러일으키지는 않았을 것이다.

복지재원 조달을 위한 세제개편의 필요성 부분에서도 재정 지출 절감이나 고소득 자영업자 또는 대기업에 대한 과세 강화를 먼저 언급한 후 유리알 지갑인 봉급근로자에 대한 과세문제를 거론하는 것이 순서상 적절했다는 얘기다.

홍보전략 측면에서도 아쉬움이 많다. 보통 보도자료 발표 후 언론의 헤드라인이 어떻게 표현되는가는 향후 여론의 방향을 가늠하는 나침반 역할을 한다. 사전에 출입기자들에게 충분한 자료제공을 하는 등의 이해와 소통 노력이 필요했다. 하지만 이번 소득세제 개편에서는 첫 보도부터 '중산층 부담이 늘어난다'는 식의 제목으로 보도되었다. 게다가 세제개편 자료에서 중산층을 기준으로 언급한 것도 논란을 초래했다고 본다. OECD 기준이 있다고 하나 중산층은 범위가 극히 넓고 각자의 눈높이도 다르기 때문에 이를 과세의 잣대로 거론한 것은 전략적인 측면에서도 바람직하지 않았다.

세금문제는 선진국에서조차 정권의 근간을 뒤흔들만한 극히 민감한 사안이다. 정치적으로 그만큼 휘발성이 강하다는 뜻이다. 논란이 된 '거위 깃털 뽑기' 발언도 사실 그 내용을 알고보면 프랑스 루이 14세 시절 재무상인 장 바티스트 콜베르가 "바람직한 조세 원칙은 거위가 비명을 지르지 않게 최대한 많은 깃털을 뽑는 것"이라고 말한 것을 인용한 것에 불과하다. 깃털(세금)을 많이 걷으려고 거위(국민)를 함부로 다루다가는 거위가 비명을 지르듯이 세수확보를 위해 급격히 세율을 높이거나 세목을 늘려선 안 된다는 조세원칙을 설명한 것이다. 그러나 이러한 비유에 익숙하지 않은 상황에서 납세자인 국민을 털 뽑히는 거위에 비유하고 프랑스 혁명으로 쫓겨난 절대군주 루이 14세를 연상시켰다는 점에서 본인의 의도와는 달리 국민적인 공분을 불러일으켰던 것 같다.

이와 유사한 사례로 내가 재산소비세제 국장으로 있던 2005년 소주세율 인상 파동을 들 수 있을 것 같다. 당시 재정경제부는 예산편성안 확정을 앞두고 기획예산처로부터 부족 재원을 조달하기 위한 방안으로 소주세율 인상과 LNG세율 인상 등을 검토해 달라는 요청을 받았다. 사실 소주세율이나 LNG세율 인상은 서민 부담을 늘리는 세목이어서 인상에 앞서 공청회 등을 통해 인상의 당위성에 대한 공감대를 형성할 필요가 있었다.

하지만 정부 예산안의 국회 제출을 눈앞에 둔 시점에서 미리 정해진 예산규모에 맞춰 재원 부족액을 급히 조달하려다 보니 여론수렴 절차를 생략하고 소주세율 인상 방침부터 언론에 덜컥 발표한 것이다. 당장 집권 여당인 열린우리당부터 발끈하고 나섰다. 당 대표와 정책위의장 등 수뇌부가 공개적으로 소주세율 인상 불가 방침을 천명했다.

여론의 질타와 집권당의 반대에 부딪혀 정부는 결국 방침을 철회했으며, 노무현 대통령은 훗날 소주세율 인상을 정부의 대표적인 정책홍보 실패 사례로 거론했다. 원래 소주세율 인상은 여러 측면에서 당위성이 있을 뿐 아니라 정부가 세제개편안을 마련할 때마다 단골 메뉴로 들어가 있었다.

우리나라의 소주세율은 다른 나라에 비해 지나치게 낮고 이로 인해 국민건강에 끼치는 부정적인 영향은 실로 막대하다. 술로 인한 각종 피해(교통사고와 질병 유발 등)가 17조 원에 달한다는 보도가 있을 정도였다. 따라서 소주세율 인상을 통해 술로 인한 경제·사회적 피해를 줄일 필요가 있었음에도 충분한 공감대 없이 인상안을 내놓았다가 정치적으로 거센 역풍을 불러일으켜 상당 기간 소주세율 인상을 추진할 수 없게 만드는 결과를 초래한 것이다.

이번 근로소득세 개편 파동을 지켜보면서 2005년 소주세율 파동을 떠올리지 않을 수 없었다. 아무리 좋은 정책이라도 국민의 공감대가 먼저 형성되지 않으면 성공하기 어렵다. 특히 세금처럼 민감한 사안은 더욱 그렇다. 정책당국자에게는 급할수록 돌아가는 지혜가 필요하다.

지하경제를 둘러싼
쫓고 쫓기는 전쟁

지하경제 양성화는 소리 없이 치밀한 계획 아래 접근해야

박근혜 정부는 대선기간 중 공약한 '증세 없는 복지재원 달성'을 위해 정부 출범 초부터 '지하경제 양성화'에 본격적인 드라이브를 걸기 시작했다.

국세청에 지하경제 색출을 위한 공정과세추진기획단이 신설되고, 사생활 침해 우려에도 불구하고 국세청은 금융정보분석원을 통해 탈세혐의 포착을 위한 금융정보를 2013년 10월부터 수집할 수 있게 되었다. 각종 탈세, 비자금, 재산 은닉, 편법 상속·증여의 핵심 고리 역할을 해 온 차명계좌 추적도 가능하게 된다.

그런가 하면 지하경제 양성화를 뒷받침하기 위한 각종 제도 개선도 추진되고 있다. 해외 소득·재산 정보 파악을 위해 해외 금융계좌 신고 의무제가 도입된다. 현금영수증 의무발급 대상도 건당 30만 원에서 10만 원으로 확대되고 탈세 제보 포상금도 10억 원에서 20억 원으로 상향 조정될 예정이다.

사상 유례없는 세수 부족이 예상되는 만큼 세수 확보를 위한 국세청의 움직임도 빨라지고 있다. 대기업과 고소득·자영업자에 대한 세무조사가 강화되는가 하면 그동안 상대적으로 세무조사에서 등한시됐던 금융회사와 기업의 역외탈세 부분에 대한 조사도 이루어지고 있다.

옛말에 '뛰는 자 위에 나는 자 있다'고 했듯이 정부와 과세당국의 이런 움직임에 앞서 기업과 거액자산가, 고소득자 자영업자들의 움직임도 한층 빨라지고 있다. 이미 2012년 대선 과정에서 정치권의 공약을 통해 금융 소득 과세 강화와 지하경제 양성화가 예고된 만큼 세금을 회피하기 위한 음성화 노력이 다각적으로 이루어지고 있는 셈이다.

지금까지 언론에 보도된 사례만 열거하면 금융자산을 5만 원 권 현금으로 인출하여 금고에 보관하거나 골드바를 구입하는 사례가 최근 급증하고 있다. 2013년 5만 원 권 환수율은 전년의 61.7%보다 10%포인트 가량 하락한 52.3%에 그치고 있다. 골드바 역시 꾸준한 가격 오름세에도 불구하고 구입이 늘고 있다는 소식이다. 기업이나 거액 자산가들이 많이 거주하는 지역의 은행지점에는 5만 원 권 인출 수요 쇄도로 공급 부족사태를 겪고 있다는 말까지 나돌고 있다.

최근 민간 소비가 미미하나마 증가세를 보이고 있음에도 부가세 징수액은 전년 대비 7.2%나 감소하고 있고, 2013년 상반기 신용카드 결제액도 전년의 5분의 1 수준에 불과할 정도로 세원에 포착되지 않을 가능성이 높은 현금거래 비중이 늘고 있다고 한다. 자칫하다가는 지하경제 양성화보다 음성화를 가속화시켜 세수 부족을 더욱 심화시키는 게 아니냐는 우려의 목소리도 나오고 있다.

따라서 지하경제 양성화는 치밀한 계획 아래 그물망을 촘촘히 짜서 빠져나갈 구멍을 최소화하는 작업부터 선행해야 한다고 본다.

현재 우리나라의 지하경제 규모는 조사기관에 따라 다소 차이가 있으나 GDP의 22~23%(250조~290조 원) 정도로 추정돼 OECD 국가의 평균 지하경제 규모(GDP의 20.3%)보다 다소 높은 수준이다. 지하경제의 많은 부분은 마약, 도박, 사채시장 등 불법거래와 관련돼 있다. 포착하기도 쉽지 않을 뿐더러 포착하더라도 세금 징수가 만만치 않다.

따라서 지하경제 양성화는 현금거래 비중이 높고 탈루율이 40%에 달하는 것으로 추정되는 고소득 자영업자와, 국민 상식에 미치지 못할 정도로 매출이나 소득을 낮게 신고하는 고소득 전문직 종사자, 부동산 임대업자 등의 과표 현실화에 초점을 맞춰야 할 것이다. 참고로 2010년 기준 연매출 2400만 원 미만 신고 전문직 종사자는 변호사 15%, 회계사 9%, 건축사 27%로 나와 있다.

금융정보 수집 및 정보 공유로 지하경제의 통로가 되는 차명계좌 추적이 어느 정도 가능해진 만큼 기업의 각종 내부거래나 불법외환거래, 조세 피난처에 페이퍼 컴퍼니를 세우는 방식의 역외거래를 통한 비자금 조성이나 탈세, 재산 해외은닉에 대한 조사를 강화할 필요가 있다. 유관 기관 협력체계 구축이 무엇보다 중요하다.

그리고 이번 기회에 차명거래를 원천적으로 차단할 수 있게 금융 실명제도의 미비점을 보완하는 한편, 다국적 기업의 조세 회피와 역외금융에 대한 국가간 정보교류 확대 추세에 맞춰 세계 각국과의 협력도 강화할 필요가 있다.

표심에 휘둘리는 지방재정

**자치단체장들이 선거를 의식해 벌이는
무리한 사업이 지방재정 악화의 주범**

한 때 미국의 4대 도시이면서 최고의 번영을 구가했던 자동차 산업의 메카 디트로이트시가 185억 달러의 빚을 갚지 못해 2013년 여름 파산보호신청을 했다.

디트로이트시가 파산한 이유는 노조의 고임금과 과도한 복지 요구로 자동차산업이 경쟁력을 상실하자 공장과 근로자들이 이 지역을 떠나면서 지역 경제가 위축되고 재정수입이 줄어든 것이 결정적인 이유다. 게다가 디트로이트시는 복지를 중시하는 진보적인 성향의 민주당이 1962년부터 줄곧 시장직과 시의회를 장악하면서 재정지출을 줄이려는 노력에 소홀했다.

그 결과, 디트로이트시 예산은 2008년부터 매년 세입보다 세출이 1억 달러나 많았다. 이에 따라 디트로이트시는 시 운영비용과 공무원

연금 등을 빚으로 메우다가 결국 파산의 운명을 맞게 된 것이다.

우리나라에서는 지자체가 디트로이트시와 달리 그동안 중앙정부가 지방자치단체의 지방채 발행을 통제해 왔고, 지방교부세와 같은 대규모의 재정 보전장치가 있어 지방재정이 상대적으로 안정적이라는 평가를 받아 왔다. 하지만 지자체가 몇 차례의 선거를 치르는 동안 포퓰리즘이 기승을 부리면서 재정이 급격히 악화되고 있다. 재정 자립도가 51% 남짓하고 지난해 지방세 등 자체 조달 세입이 90조 원에 불과한데도 100조 원의 예산을 중앙정부 지원과 빚에 기대어 부족분을 메웠다.

최근 부동산 경기 침체로 지방세수 증가율이 둔화되는 가운데 중앙정부의 복지정책 강화로 지자체의 분담 몫은 늘어나는 반면 일부 자치단체들은 단체장들의 공약 이행 명목으로 방만하게 재정을 운영함에 따라 지방재정 문제가 국민적 걱정거리로 떠오르고 있다.

재정악화 가능성이 높은 대표적인 지자체로 꼽히는 인천광역시는 아시안게임을 앞두고 중복투자라는 지적에도 몇몇 대형 사업을 추진하며 중앙정부의 지원을 요청했다가 거절당하는 등 어려움에 처해 있다.

지방정부의 재정이 악화되는 데는 여러 요인이 있다. 우리나라가 겪은 외환위기나 남유럽 국가들이 겪은 재정위기처럼 극심한 불황과 부동산 경기침체로 중앙정부와 지방정부의 세입이 줄어들고, 여기에 덧붙여 사회안전망 가동을 위한 세출이 늘어나면 지방재정도 어려움을 겪을 수밖에 없다.

미국 디트로이트시의 자동차산업이나 일본 유바리시의 석탄산업처럼 지역경제를 지탱했던 업종이 쇠퇴함으로써 고용과 투자가 대폭 줄어들어 지역경제와 지방재정이 어려움에 빠지는 경우도 있다. 지방의 정치인이나 지방정부의 관료들이 도덕적 해이에 빠지거나 행정 관리능력이 부족해 재정위기를 초래하는 경우도 있다.

리스크가 매우 높은 선물투자 실패로 파산을 신청한 미국의 오렌지카운티, 버블 붕괴를 예측하지 못하고 과도하게 관광·개발 사업을 펼친 오사카부를 비롯한 일본의 여러 자치단체들, 그리고 우리나라 용인시의 경전철, 인천광역시의 월미 은하레일, 태백시의 오투리조트 조성, 성남시의 호화 청사 등이 이런 유형에 해당된다.

그런가 하면 중앙정부가 특정 목적을 위해 각종 정책을 결정하고 집행할 때에도 지자체의 세입 감소를 초래하는 경우가 있다. 예를 들면, 노무현 정부가 부동산 경기 과열을 억제하기 위해 부동산 규제를 강화하자 부동산 거래가 줄고 이로 인해 지방정부의 주요 세입인 취득세·등록세가 감소했다. 또 이명박 정부가 글로벌 금융위기를 극복하기 위해 감세정책을 펴자 국세와 연동된 지방교부세와 지방소득세가 줄어들었다.

중앙정부가 지방정부에 재정부담을 전가함에 따라 지방재정 부담이 늘어나는 경우도 있다. 우리나라에서는 분권교부세 형식을 통해 복지 보조금이 지방에 이양되면서 충분한 재원을 넘겨받지 못한 지자체들이 큰 부담을 지게 되었다. 지방세수 증가율보다 훨씬 빠른 속도로 분권교부세 사업 수요가 늘어났기 때문이다. 2011년 국회에서 결정된 3세 이하 영·유아에 대한 보육료 지원 결정으로 지방정부가 7000억 원 내외를 더 부담하게 된 것이 여기에 해당한다.

그러나 앞서 언급된 이러한 요인보다는 4년마다 치러지는 지방선거에서 자치단체장들이 표심을 얻기 위해 빚을 내어 무리하게 사업을 벌이는 것이 지방재정의 건전성을 장기간에 걸쳐 악화시키는 주범이라고 봐야 한다.

인구가 많거나 정치적으로 영향력이 큰 지자체 단체장이 국가재정을 공유재로 여기고 지방채 발행 승인이나 중앙정부의 재정 지원을 요구하면 중앙정부는 무리한 요구인 줄 알면서도 정치적인 부담 때문에 거부하기가 쉽지 않다.

결국에는 재정위기에 처한 그리스를 구하기 위해 유럽연합(EU)이 천문학적인 규모의 공동기금을 구제기금으로 쏟아 부은 것처럼 중앙정부와 지방정부 사이에서도 유사한 상황이 발생할 수 있다.

아직까지 예산 대비 채무비율이 40%를 넘어설 정도로 재정 위기에 처한 광역단체는 없지만 대구광역시나 부산광역시가 이에 육박하고 있고 인천광역시도 아시안게임 준비를 위한 재정 투자로 40%를 초과할 가능성이 있다. 예산 대비 채무비율이 40%를 초과하더라도 당장 문제가 되는 것은 아니다. 충분한 여유만 주어진다면 자력으로 지방채를 발행하고 이를 상환할 수도 있다. 하지만 그 과정에서 해당 지역 주민들에게는 추가 부담이 발생할 가능성이 높다. 만약에 해당 지자체가 자력으로 해결하지 못하면 국민 모두가 그로 인한 피해를 떠맡아야 한다.

어쨌든 디트로이트시의 전철을 밟지 않으려면 우리나라도 지방재정 부실화 문제에 보다 많은 관심과 감시의 눈길을 보내야 한다. 지자체 단체장들이 당선에 급급해 '빚 공약'을 남발하고 중앙정부가 국민의 혈세로 메워주는 구조를 바꾸지 않으면 우리나라도 머잖아 일부 선진국의 사례에서처럼 중앙정부와 지자체가 함께 빚더미에 올라앉지 않는다는 보장도 없다.

지방정부가 변해야 경제가 산다

지자체가 창의적인 콘텐츠 개발과
발전전략 마련에 앞장서야

금융감독원장 시절이던 2013년 캠퍼스 금융토크를 통해 전국의 대학생들과 10여 차례 만나면서 일자리 창출의 필요성을 절감했다. 박근혜 정부는 창조경제를 통한 일자리 창출을 가장 중요한 국정 목표로 삼고 있다.

하지만 일자리 창출을 위한 중앙정부의 각종 내책이나 규제 완화는 종국적으로 지방정부라는 일선 행정기관을 통해 대부분 실현되기 때문에 지방정부의 변화와 노력 없이는 효과를 거두기 어렵다. 경기도 파주시의 LCD 공장 유치나 경남 창녕군의 넥슨 타이어 공장 유치 사례에서 보듯 투자유치의 성사 여부는 해당 지자체의 노력 여하에 달려 있다.

2013년 들어 창원·구미·군산 등 주요 지방 산업단지는 생산기지의 해외 이전과 고임금·인력난으로 가동률이 떨어지고 활력이 식어가고 있다. 특히 건설업 비중이 높은 지방경제는 정부의 SOC 예산 축소 방침으로 어려움이 가중될 것 같다.

상황이 이러함에도 일부 지자체는 빚내어 전시성 개발 사업을 추진한 결과 향후 부채 문제가 지방경제의 발목을 잡지 않을까 걱정된다.

2012년 지방공단과 재래시장에서 금융 상담을 하면서 느낀 점은 인터넷 시대에도 서울과 지방주민간의 정보 격차가 분명히 존재하고 있을 뿐 아니라 중앙정부의 각종 정책 발표나 서비스에 대한 지방주민들의 체감도가 낮았다는 사실이다.

우리나라는 지금까지 경제문제 해결 접근법에 있어 지나치게 중앙집권적 사고에 젖어 있었던 탓에 지방정부의 역할을 과소평가한 느낌이 없지 않다. 우리 경제의 당면 현안이 되고 있는 일자리 창출이나 과도한 자영업, 중소기업과 서민금융, 복지전달체계 등 대부분의 문제들은 중앙정부와 지방정부의 긴밀한 네트워크와 파트너십 없이는 해결하기 어렵다.

이를테면 음식·도소매·숙박 등 특정 자영업종에 과다하게 쏠림 현상이 발생하는 문제는 지자체가 해당 지역 자영업 실태조사를 통해 공급과잉 분야에 신규 진출을 억제하고 경쟁이 덜한 분야로 창업을 유도함으로써 해결하는 것이 가장 효율적이다.

일자리 창출과 관련해서도 중앙정부는 큰 틀에서 지원책을 마련할 수 있지만, 구체적인 일자리 창출은 해당 지자체가 지역 여건과

특색에 맞게 발전 전략을 마련하여 추진해야만 소기의 성과를 달성할 수 있다.

조선업 불황으로 죽음의 도시에서 생태주거 · 친환경 에너지 개발로 세계에서 가장 살기 좋은 도시로 선정된 스웨덴의 말뫼시나 달동네 마을을 주민과 예술가, 지자체가 협력하여 국제적 관광지로 재탄생시킨 부산 감천 문화마을이 여기에 해당한다.

이런 맥락에서 볼 때 해당 지자체, 상공회의소, 지역 전문가, 그리고 한국은행 지역본부 · 금융감독원 지원 등 지방정부 관련 단체와 중앙정부의 지방사무소가 참여하는 '지역경제협의체'를 구성하여 지역경제 상황과 발전 전략을 정기적으로 논의하고, 지방은행과 대학이 지역의 싱크탱크 역할을 할 필요가 있다.

캐나다 브리티시 컬럼비아주는 '부차트 가든'이라는 관광 콘텐츠 하나만으로 상당한 일자리를 창출하고 재정수입도 거둬들이고 있다. 국내에서도 성공 사례로 꼽히는 화천의 '산천어 축제'나 전주의 '한옥마을'과 같은 관광 콘텐츠를 만드는 것은 어디까지나 해당 지자체의 몫이다. 이런 관광 콘텐츠가 하나 둘 모여서 대한민국의 관광 경쟁력을 높이게 되는 것이다.

지방정부가 창의와 비즈니스 마인드로 혁신되고 중앙정부와 지방정부간의 긴밀한 협력체제가 구축되어야 지방경제가 활력을 되찾을 수 있고, 종국적으로는 창조경제가 국민의 피부에 와 닿을 수 있게 되는 것이다.

서울이 바뀌어야 대한민국이 바뀐다

행정, 인사관리 등 모든 분야에서 변화와 혁신 이루어
글로벌 명품 도시로 거듭나야

외국인들에게 대한민국에 대해 물으면 흔히 서울을 가장 먼저 떠올린다고 한다. 우리 국민들에게 프랑스와 영국을 이야기하면 파리와 런던이 연상되는 것과 같은 이유일 것이다. 서울은 대한민국의 관문이다. 서울에 대한 인식과 이미지가 바로 대한민국의 인식과 이미지를 좌우하는 것이다.

하지만 최근(2013년 9월 11일) 세계적인 여론조사기관인 입소스 모리(Ipsos Mori)가 세계 24개국 48개 도시에 대해 실시한 선호도 설문조사(2013월 2월 5일~19일까지 24개국 남녀 1800명 대상) 결과를 보면 서울은 종합평가 점수에서 인도 뭄바이, 남아공의 케이프 타운과 함께 34위를 차지했다. 최근 k-pop 등 한류 붐을 감안하면 매우 실망스러운 결과가 아닐 수 없다.

구체적인 항목을 보면 가장 일하기 좋은 도시는 뉴욕, 아부다비, 홍콩, 도쿄, 런던, 베이징 순이었다. 서울은 27위로 오슬로, 마드리드와 순위가 같다. 가장 살고 싶은 도시는 취리히, 시드니, 런던, 파리, 뉴욕 순이며, 서울은 29위로 케이프타운, 베이징과 같은 순위로 사우디아라비아 메카보다도 낮다. 가장 방문하고 싶은 도시는 파리, 뉴욕이 공동 1위이고 로마, 런던, 시드니, 아부다비 순이었다. 서울은 28위로 부에노스아이레스와 같다.

설문조사 대상이 대부분 외국인이고, 이들이 서울을 얼마나 속속들이 알고 있는지는 의문이지만 객관적으로 비교 평가했다는 데 나름의 의미가 있다고 본다. 일하기 좋은 도시는 주로 비즈니스 측면에서 평가한 것이다. 경제연관성, 세금 등 사업비용, 네트워크 원활성, 정부의 규제 과다 여부, 언어 소통 등이 주요 변수인데, 한국이 27위를 차지한 것은 그동안 기업하기 좋은 환경과 동북아 금융허브를 슬로건으로 내걸었던 중앙정부로서는 원인 분석을 할 필요가 있다고 본다.

지방자치제가 도입된 이후 중앙정부와 지방정부의 유기적 네트워크나 정책 협조의 효율성은 많이 약화되었다. 특히 여당인 정부와 야당인 민선시장이 정치적 이슈로 갈등관계에 있을 경우 협력체제에 어려움이 가중될 수 있다.

그러나 선진국의 많은 대도시도 한국처럼 지방자치가 이루어지고 있어 제도의 문제라기보다는 정치 풍토와 운영의 문제로 보인다. 살고 싶은 도시는 주로 생활의 편의성이나 비용, 교통, 주거, 환경, 치안, 자녀 교육 등이 주요 변수인데, 서울이 환경이나 교통, 주거면에서 훨씬 뒤지는 베이징과 같은 순위로 평가된 것은 아쉽다.

외국인에게 그렇게 비쳐진 것은 홍보가 제대로 이루어지지 않았거나 외국인의 시각에서 볼 때 생활의 편의성이 낮다고 볼 수도 있다. 서울은 환경이나 치안, 교통 면에서는 여타 대도시와 비교해도 손색이 없지만 자녀 교육이나 일상생활에서 외국인에게 불편한 점이 없는지 점검해 볼 필요가 있다. 특히 외국인들이 안심하고 다닐 수 있는 학교와 병원 설립을 위해 중앙정부와 지방정부의 규제완화 노력이 긴요하다.

방문하고 싶은 도시는 로마와 같은 유적·유물, 시드니 오페라하우스와 같은 랜드 마크 성격의 건물, 파리와 같은 예술과 문화면에서 볼거리 등 주로 볼거리, 먹거리, 놀이가 변수다. 한마디로 도시의 매력(attractiveness) 여부가 제일 중요한 요인인 셈이다.

나의 눈에 비친 서울이라는 거대 도시에는 파리의 베르사이유 궁전이나 런던의 대영박물관 같은 화려한 궁전, 거대한 박물관이 없다. 시드니의 오페라하우스나 파리의 에펠탑, 두바이의 버즈알 아랍호텔과 같은 세계적인 명물도 없다.

해마다 한국을 찾는 외국인 관광객수가 이미 1000만 명을 훌쩍 넘어섰고, 이중 80%가 서울을 다녀간다는데 대부분 인사동 거리나 청계천, 경복궁, 남산타워 등을 주요 관광코스로 맴돌고 있다고 한다. 최근 k-pop 등 한류 열풍으로 다소 활기를 띠고 있으나 뉴욕이나 파리처럼 외국인 관광객이 문화·예술 관람을 위해 서울을 찾는다는 응답은 별로 없는 것 같다. 외국인을 위해 상시적으로 공연하는 무대도 얼른 떠오르지 않는다.

그러나 조금만 시선을 돌려보면 서울을 매력적인 도시로 만들 만한 요인이 없는 것도 아니다. 서울은 사방이 아름다운 산으로 둘러싸여 있어 중국의 황산이나 장가계처럼 관광자원으로 활용할 수 있다. 한강도 세계 어느 도시의 강보다 폭도 넓고 수량도 풍부해 잘만 활용하면 훌륭한 관광자원이 될 수 있다. 한강변이나 노들섬에 시드니 오페라하우스와 같은 명품 건물을 짓는다면 한강의 야경과 더불어 많은 관광객을 유치할 수 있을 것이다.

오세훈 시장 시절 한강 르네상스 프로젝트가 이와 유사한 구상을 담은 것으로 알고 있으나 성사되지 못했고, 세빛둥둥섬은 외국인 관광객 유치 효과가 떨어지는 공사를 하여 예산을 낭비했다는 비판을 받는 등 애물단지 취급을 받고 있다. 2년 이상 방치되고 있다가 최근에야 활용한다고 하니 그나마 다행이다.

k-pop과 같이 최근 전 세계로 확산되고 있는 한류문화를 활용해 서울의 이미지를 높이는 일도 시급하다. k-pop 상설 전용 공연장이나 한국을 대표하는 전통예술 상설 공연장을 조속히 건립하고 수준 높은 공연 프로그램을 만들어 서울을 예술·문화도시로 변모시키는 것도 필요하다. 외국인 관광객들이 많이 찾는 인사동·삼청동·북촌 한옥마을, 청계천 일대를 문화·예술의 거리로 조성하는 것도 검토해 봄 직하다.

먹거리와 놀이문화의 수준을 높이기 위한 투자도 필요하다. 해마다 서울을 찾는 중국 등 많은 아시아 관광객들이 마땅히 놀 곳과 먹을 음식이 미흡하다고 불편을 호소한다. 싱가포르처럼 카지노를 허용하는 등 획기적인 발상의 전환이 필요하다.

4년마다 치러지는 올림픽이나 월드컵 유치에서 보듯 세계는 국가 간 경쟁에서 도시 차원의 경쟁으로 바뀌고 있다. 우리는 지금 대한민국의 수도이자 인구, 경제, 문화의 중심지인 서울의 경쟁력이 바로 대한민국의 경쟁력을 좌우하는 시대에 살고 있다. 기업으로 치면 서울이 대한민국의 주력 기업이고, 서울의 주가가 대한민국의 주가를 결정한다.

미국의 월간지 포린 폴리시(Foreign Policy)가 2012년에 전 세계 65개 도시를 대상으로 평가한 자료에 의하면 서울은 뉴욕, 런던, 파리, 도쿄, 홍콩에 이어 8위를 차지했으며, 베이징(14위), 상해(21위)보다 높았다. 앞서 언급한 입소스 모리의 조사결과(48개 도시 중 34위)와 달리 순위가 높게 나타난 것은 서울이 수도 기능을 갖고 있고 인구, 경제, 문화 등 모든 것이 집중된 메가시티로서의 여건을 갖췄기 때문이다. 따라서 메가시티로서 서울이 지닌 경쟁력을 최대한 살려나가는 것이 무엇보다 중요하다.

서울은 세계 경제대국 중국과는 어느 글로벌 시티보다도 더 인접해 있다. 중국의 부자들과 중산층을 대상으로 무한한 기회를 창출해낼 수 있는 유리한 위치에 있는 것이다. 서울이 개방과 혁신을 통해 얼마나 높은 수준의 금융, 교육, 의료, 관광 서비스를 제공하느냐에 성공 여부가 달려 있다.

하지만 아직까지는 서울의 경쟁력을 올려 대한민국의 경쟁력을 높이려는 움직임은 눈에 띄지 않는다. 외국인 관광객의 80% 이상이 다녀가는 서울을 관광하기 좋은 도시로 변모시키려는 노력도 보이지 않는다. 오히려 서울이 4년마다 치러지는 지방선거와 대통령선거로 여야 대결의 장이 되어가는 조짐마저 보인다.

글로벌 시대를 맞아 서울을 세계적인 명품도시로 만들려면 서울의 행정, 인사관리 등 모든 분야에 기업경영 원리를 도입해 변화와 혁신을 이루어야 한다. 중앙정부와의 협력체계도 국가경쟁력 강화 차원에서 당파나 정치를 초월해 이루어져야 한다.

창의와 혁신이 넘치는 도시, 문화와 예술이 살아 있는 도시, 글로벌화된 도시야말로 서울을 매력적인 도시로, 대한민국을 경쟁력 있는 국가로 만드는 길이다.

한국 경제 위기를 기회로 만들자

한국 경제 앞에는 수많은 시련이 놓여 있지만 6.25전쟁의 폐허 속에서 한강의 기적을 일궈낸 국민이라면 능히 극복할 수 있다. 기마민족 특유의 역동적 DNA, 평등정신과 헝그리 정신, 스마트폰과 SNS 문화에서 드러난 민첩성과 개방성, k-pop 등 한류문화에서 발휘되고 있는 창의성과 끼를 살린다면 우리나라는 앞으로 선진국을 캐치업(catch up)하는 국가에서 리드하는 국가로 탈바꿈할 수 있다. 어쩌면 지금은 한국이 5000년 역사에서 가장 위대한 업적을 이루는 시기가 될지 모른다. 이를 위해서는 선진국 도약에 2% 부족한 딥 팩터(Deep Factor)를 개혁해야 한다.

딥 팩터를 개혁하라

성장 가로막는 내부의 낡은 요인 바꿔야
선진국 문턱 넘는다

우리 경제는 중대한 기로에 서 있다. 지난 반세기 동안 한강의 기적을 가져다 준 성장정책의 패러다임이 더 이상 통하지 않는 대내외 환경에 놓여 있다. 한국이 앞으로 일본과 같은 장기 저성장의 덫에 빠지지 않으려면 경제 성장의 경로를 바꿔야 한다. 이러한 노력을 소홀히 하면 일본의 잃어버린 20년과 같은 고립과 쇠락의 길로 들어설 가능성이 농후하다.

우연인지 몰라도 지금의 우리 경제상황은 장기복합 불황이 시작된 일본의 1990년대 초와 여러 가지 면에서 유사하다는 지적이 많다. 《10년 후 미래》(Outrageous Fortunes)의 저자인 미국 하버드대 대니얼 앨트먼 교수는 "사회적 관습, 경쟁문화, 정치수준 등 한 국가의 경제적 토대를 구성하는 딥 팩터(Deep Factor)가 향후 수십 년 또는 한 세기 동안 경제 성장의 잠재력을 결정한다."고 주장했다.

일본이 한때 세계 2위의 경제 강국으로 부상했으나 미국과 같은 슈퍼 파워에 이르는 마지막 고비를 넘지 못한 이유는 바로 딥 팩터를 변화시키지 못했기 때문이다. 다시 말하면 후진적인 정치문화와 신속한 일 처리를 가로막는 관료제도, 이민자를 받아들이지 않을 정도로 폐쇄적인 민족문화, 창의성과 경제활력을 저해할 만큼 연공서열을 중시하는 위계질서, 과도한 진입규제로 경쟁력을 상실한 내수시장 등 성장을 저해하는 이런 요인들로 인해 생산성은 갈수록 떨어지고 외국인 투자자의 관심도 멀어졌다는 것이다. 그 결과 눈덩이처럼 불어나는 국가부채를 국민들의 저축(국채 매입)에 의존하는 상황에 내몰린 게 일본의 현실이다.

반면 중국이 오늘날 경제대국으로 급부상한 것은 덩사오핑의 경제개혁으로 딥 팩터를 변화시켰기 때문이다. 하지만 중국도 한국처럼 경제 성장이 일정 수준에 이르게 되면 중대한 선택의 기로에 서게 될 것이다. 그래서 지금 한국의 선택은 중국의 미래를 가늠하는 중요한 시금석이 될 수 있다. 한국이 이룩한 경제 발전은 세계 각국의 경제학 교과서에 수록될 정도로 모범 사례로 꼽혀 왔다.

우리 경제가 일본의 전철을 밟지 않으려면 성장을 가로막고 있는 우리 내부의 딥 팩터부터 개혁해야 한다. 딥 팩터로는 산업화 과정에서 만들어진 불합리한 덩어리 규제, 산업 현장의 요구에 부응하는 인재를 길러내지 못하는 교육 시스템, 노동시장의 유연성을 가로막는 노동관계법과 전근대적인 노사관계, 혁신성과 창의성을 말살하는 기업생태계, 공정한 경쟁을 저해하는 불투명한 시장, 기업 활동을 발목 잡는 중앙정부와 지방정부의 관료주의 타성, 타협은 외면한 채 극단적 대결로 치닫는 정치문화 등을 꼽을 수 있다.

이러한 딥 팩터의 상당수는 일본이 겪은 잃어버린 20년의 실패요인을 분석할 때 자주 거론되는 내용들이다. 지난 반세기 동안 우리가 선진 경제를 따라잡는 데 일등 공신 역할을 해 온 대기업·제조업 중심의 수출주도 경제로는 더 이상 국내에 충분한 일자리를 창출하기 어렵다. 기술혁신 없는 모방만으로는 세계 경제를 리드하는 창조형, 선도형 경제로 탈바꿈할 수도 없다. 앙헬 구리아 OECD 사무총장은 한국이 지속적으로 성장하기 위해서는 서비스 분야 개방을 통한 경쟁체제 도입으로 미국의 40% 수준에 불과한 서비스 분야의 경쟁력을 획기적으로 높여야 한다고 조언했다. 또 교육개혁과 노동시장 유연화 정책을 통해 OECD 상위 국가들의 절반 수준에 불과한 노동생산성도 대폭 끌어올려야 한다고 지적했다.

딥 팩터를 근본적으로 개혁하려면 정부와 기업, 가계 등 경제 주체들의 의식과 경제운용의 패러다임이 혁신적으로 바뀌어야 한다. 이와 함께 국가운영의 거버넌스(Governance·지배구조)도 추격형에서 선도형으로 탈바꿈해야 한다. 특히 의회권력이 경제를 지배하는 시대를 맞아 상생과 통합이 사라진 정치문화를 선진화하는 것이야말로 시급한 과제라고 할 수 있다.

박근혜 정부가 추진하려는 창조경제도 결국 이런 딥 팩터를 변화시켜 새로운 성장 경로를 만들자는 취지일 것이다.

창조경제 이래야 성공한다

경제운용의 패러다임과 국가운영의 거버넌스를
혁신적으로 바꾸는 게 관건

박 근혜 정부 들어 정부가 발표하는 각종 정책이나 행사에 가장 많이 등장하는 단어가 '창조경제'이다. 창조경제라는 용어는 2001년 영국의 경영전략가인 존 호킨스의 저서 《창조경제》(The creative economy)에 처음 등장했다고 한다. 흔히 '창조'라는 말은 조물주의 영역에 속하는 종교적인 함의를 지닌 용어이므로 '창의'라는 말이 보다 정확한 표현이라고 주장하는 사람들도 있다.

그런데 창조경제가 무엇이냐고 물으면 정확한 정의(definition)를 내리기가 결코 쉽지 않다. 학술적 용어도 아니고 창조경제 자체가 목적이라기보다는 목적을 달성하는 과정이나 방법에 속하는 개념이기 때문이다. 그럼에도 불구하고 창조경제란 국민의 상상력과 창의성을 일깨워 새로운 아이디어로 기존의 산업에 혁신을 가져오거나 새로운 산업이나 시장을 창출하는 경제 행위로 요약해 볼 수 있지 않을까 생각된다.

이를 좀 더 세분하면 ●기존산업에 창의적인 아이디어를 덧붙여 기능을 개선하거나 디자인을 개량하여 부가가치를 높이는 분야 ●이종(異種)산업끼리 융합을 통해 혁신적인 상품이나 서비스를 개발하는 분야 ●과학기술 혁신을 통해 미래의 새로운 기술을 개발하는 분야로 나눌 수 있을 것 같다.

위의 세 가지 분야는 공히 우리 경제의 수출경쟁력을 높이고 미래의 성장동력 발굴하기와 좋은 일자리 창출과 직결된다. 우리 경제는 기존의 선진국 따라잡기 전략으로는 파이를 키우고 한 단계 더 도약하는 데 있어 한계에 봉착했다. 국민의 창의성에 기반을 둔 선도형 성장전략으로 전환해야 하는 시점에 와 있는 것이다.

창조경제 주무부처인 미래창조과학부는 창조경제 성공을 위한 실천 전략으로 창의성이 정당한 보상을 받고 창업하기 쉬운 생태계 조성, 세계로 진출하는 벤처 · 중소기업 육성, 성장동력 창출을 통한 신산업 · 시장 개척, 글로벌 창의 인재 양성, 과학기술과 정보통신기술(ICT)의 핵심역량 강화, 국가정보의 민간공유 및 소통 강화 등 여섯 가지를 선정하여 추진한다고 한다. 또 창조경제 실현을 위해 2013년 약 7조 원, 박근혜 정부 5년 동안 총 40조 원의 예산을 투입키로 했다.

그러나 창조경제는 기본적으로 민간의 창의와 상상력을 원천으로 하기 때문에 정부가 나서기보다는 민간이 주도하는 것이 바람직하다. 정부는 단지 창조경제가 활성화될 수 있도록 인프라를 구축하고 생태계를 조성하는 한편, 창조경제를 가로막는 각종 걸림돌을 제거하는 데 역량을 집중해야 할 것이다.

현재 창조경제의 발목을 잡는 요인으로는 ● 장유유서, 연공서열, 조직 중시의 유교적 문화 ● 불공정하고 실패에 관대하지 않는 기업과 벤처 생태계 ● 획일적이고 평준화를 지향하는 교육제도 ● 혁신과 융합이 요구되는 시대에 맞지 않는 개발연대 시대의 규제 존치 ● 중앙정부와 지방정부, 공기업의 보신주의와 관료주의 타성 ● 정부 및 의회 만능주의 등을 꼽을 수 있다.

이러한 걸림돌을 제거하여 창조경제가 꽃피게 하려면 경제운용의 패러다임과 국가운영의 거버넌스가 혁신적으로 바뀌어야 할 것이다. 이를 위해서는 무엇보다 과감한 규제완화가 선행돼야 한다. 손톱 밑 가시제거도 필요하지만 창조경제의 숨통을 죄고 있는 '덩어리 규제'를 이번 기회에 확실히 제거해야 한다. 여러 부처에 걸친 복합 다중적인 규제, 중앙과 지방정부에 걸친 중첩규제, 우리나라에만 있고 선진국에는 없는 '국내용' 규제를 과감히 폐지하여 진입 장벽을 낮추고 시장을 통한 공정경쟁이 이루어지도록 해야 한다.

또한 창조경제에 필요한 인재 확보를 위해 융합인재 양성을 위한 교육콘텐츠 개발과 교과서 개편 등 교육 시스템 혁신도 필요하다. 창조경제로 돈이 흐르도록 유도하는 것도 중요하다. 이스라엘의 요즈마 펀드처럼 위험투자에 민간의 돈이 흘러갈 수 있도록 국가 차원의 인센티브가 뒷받침돼야 한다. 창조라는 어감에 걸맞게 중후장대

한 프로젝트를 찾기보다는 작지만 강한 기업과 벤처기업이 활성화
될 수 있는 생태계 조성이 필요하다.

창조경제 주무부처인 미래창조과학부의 인적 쇄신도 빼놓을 수
없는 과제다. 여러 부처에 분산된 업무를 효율적으로 조정하고 중장
기 전략을 기획할 수 있는 경험 있고 유능한 엘리트 관료와 전문가
영입은 창조경제 성공의 핵심이라 할 수 있다. 과거 체신부가 정보
통신부로 탈바꿈해 IT산업을 성공적으로 발전시킨 것도 당시 경제
기획원의 우수한 인재를 대거 영입했기 때문이라는 시각이 많다.

소프트웨어가 창조경제 핵심

소프트웨어산업 발전 없인 후발 개도국에 곧 추월당해

창의력이 고부가가치를 창출하는 창조경제 시대에는 소프트웨어가 경쟁력의 원동력이 된다. 20세기 중반 이후 시작된 컴퓨터 혁명은 막대한 자본과 고가의 장비를 갖춘 하드웨어 산업의 발달을 가져오면서 IBM과 같은 미국 기업을 중심으로 한 몇몇 거대 회사가 세계 시장을 지배해 왔다.

그러나 마이크로소프트, 구글, 아이폰 등의 등장으로 촉발된 소프트웨어 혁명은 종전의 많은 자본과 장치가 필요했던 컴퓨터산업의 문턱을 낮춰 독창적인 아이디어만 있으면 손쉽게 고부가가치를 창출할 수 있는 블루오션 시대를 열었다. 특히 스마트폰 탄생은 종전의 하드웨어(HW) 시대를 소프트웨어(SW) 시대로 전환하는 촉매제가 되었다. 네트워크를 통해 모든 인간을 연결하고 그 위에서 부가

가치를 창출해내는 '마켓 플레이스' 역할을 하고 있는 것이다.

이제는 모든 산업에서 소프트웨어가 핵심 부가가치를 창출해 내고 있어 미래의 기업 경쟁력은 소프트웨어 개발 역량에 달려 있으며, 얼마나 우수한 고급 소프트웨어 인력을 확보하느냐가 관건이라 해도 과언이 아니다. 미국에서 마이크로소프트, 구글, 애플 등 IT기업이 최고의 직장으로 꼽히는 것은 당연한 귀결일 것이다.

하지만 우리나라의 소프트웨어 분야 경쟁력은 아주 낮은 수준에 머물고 있다. 현재 국내 산업의 소프트웨어 활용도는 미국, 일본, 독일 등 선진국의 절반 수준인데다가 왜곡된 갑을관계, 대가 불인정 풍토로 우수한 인력이 IT 전공을 기피하는 실정이다. 자동차, 조선 등 우리나라 주요 산업에 내장된 소프트웨어의 국산화율은 5% 미만에 불과하다.

그동안 국내 소프트웨어 개발업체들은 대기업 SI(시스템통합) 업체의 하도급 또는 재하도급이라는 먹이사슬의 밑바닥으로 전락돼 종사자들의 사기 또한 매우 저하되어 있다. 현재 국내 소프트웨어 인력 73만 명 중 소프드웨어 개발 분야 종사자는 17만 명에 불과하고, 77%에 해당하는 56만 명은 창의성이 요구되는 개발 업무보다는 안정된 고용과 대우가 보장되는 은행이나 기업의 전산관리실 관리 인력으로 종사하고 있다.

그런가 하면 국내 소프트웨어 업체는 매출 10억 원 이하 영세기업이 절반을 차지한다. 게다가 불법복제 만연으로 소프트웨어 개발업체가 프로그램을 개발해도 도산하는 사례가 적지 않다. 이런 이유로 소프트웨어산업은 '3D 업종'이라는 부정적 인식이 만연되고 대학에서 소프트웨어를 전공한 고급 인력이 소프트웨어 분야 취업을 기피하면서 소프트웨어 분야의 인력 부족 현상이 심화되고 있다.

일례로 삼성전자는 소프트웨어 인력 3만 6000명 중 1만 6000명을 인도와 방글라데시 등 외국에 의존하고 있다. 삼성경제연구소 자료에 의하면 향후 5년간 국내 소프트웨어 부족 인력은 50만 명에 이를 전망이다.

산업 현장의 이러한 수요에도 불구하고 국내 4년제 대학 소프트웨어 전공 졸업생 수는 매년 줄어들고 있다. 삼성전자가 2013년 5월 1700억 원을 투자하여 5년간 5만 명의 소프트웨어 인력 양성을 목표로 전국 26개 대학과 소프트웨어 인력 양성 협약을 맺은 것도 소프트웨어 인력 부족을 타개하려는 고육책으로 이해된다.

따라서 산업 경쟁력의 근간이 되는 소프트웨어 산업을 육성하기 위한 획기적인 정책 전환이 시급한 시점이라고 생각된다. 그러자면 우선 소프트웨어산업에 대한 부정적 이미지를 바꿔야 한다. 대기업과 중소 소프트웨어 업체 간의 불공정한 거래 관행을 시정하고 불법 복제를 막는 강력한 장치가 강구돼야 한다.

이를 위해 기존의 굴뚝산업에 소프트웨어산업을 접목시켜 부가가치를 높일 수 있도록 소프트웨어 협업 생태계를 조성할 필요가 있다. 삼성전자, 현대차 등 대기업이 소프트웨어 개발을 독점하는 구조에서 벗어나 전문화된 소프트웨어 기업과 자본 및 기술의 협업을 통해 공생하는 생태계를 구축하는 것이 소프트웨어산업의 장기적인 발전을 위해 바람직하다. 소프트웨어 분야를 산업별로 재분류하는 한편 분야마다 대표 전문기업을 선정하여 국가적 차원에서 적극 지원하는 것도 좋은 대안이 될 것이다.

둘째, 고급 소프트웨어 인력 육성을 위해 소프트웨어 학과를 국가가 지원하는 융합학부로 지정하고, 명문 대학부터 소프트웨어 학부 설치에 앞장서도록 유도할 필요가 있다. 은퇴한 고급인력을 강사로 유치한다면 산업 현장에서 필요로 하는 맞춤형 인력 양성에 큰 보탬이 될 것으로 본다.

셋째, 소프트웨어 협업과 융합을 통해 새로운 가치를 창출하는 'Additive Production', 즉 소프트웨어 메뉴팩트링이 활성화될 수 있도록 전국에 창업지원센터를 설치해 청년층의 창업을 적극 유도하는 것도 고려해 봄직하다. 전국의 창업지원센터에 다양한 소재를 원료로 활용할 수 있는 3D 프린터를 설치해 주고 3D 프린터 교육을 무상으로 제공하는 한편, 3D 프린터로 만든 제품을 중소기업 제품 판매전용 홈쇼핑이나 온라인 마켓을 통해 시장을 열어주면 어떨까?

소프트웨어산업은 역동적이고 수학적 재능이 뛰어난 한국인의 기질에 적합할 뿐 아니라 박근혜 정부가 추진하는 창조경제의 핵심이라 할 수 있다. 앞으로 소프트웨어산업 발전이 뒷받침되지 않으면 선진국을 추월하기도 어렵고 중국 등 후발 개도국에 머잖아 추월당할 수도 있다.

소프트웨어산업 육성이야말로 21세기 우리 산업의 경쟁력을 높이고 청년 일자리를 늘릴 수 있는 가장 중요한 과제라고 할 수 있다.

경제민주화와 재벌개혁

대기업 투자활동 보장하면서
초법적인 총수 행태 선별적으로 규제해야

지난 2012년 총선과 대선을 거치면서 경제민주화가 열병처럼 우리 사회를 휩쓸었다. 이러한 분위기에 편승해 국회에서는 경제민주화 관련 입법이 봇물을 이루고 있는 실정이다. 경제민주화란 개념이 우리나라에 처음 도입된 것은 1987년이다. 당시 개정된 헌법 제119조 제2항은 국가가 ①균형 있는 국민경제 성장·안정과 적정한 소득분배 유지 ②시장의 지배와 경제력의 남용 방지 ③경제주체 간의 조화를 통한 경제의 민주화를 위해 경제에 관한 규제와 조정을 할 수 있다고 규정했다.

최근 정치권에서 경제민주화의 이름으로 제시되는 정책들은 경제민주화 개념의 불확실성으로 인해 그 범위가 넓으나, 대부분 금산분리 강화나 출자규제 강화와 같은 경제력 집중 완화, 일감 몰아주기나 부당내부거래 규제와 같은 불공정 거래 행위규제 강화, 중소기업 이나 소상공인 보호, 분배정의 개선 등에 관한 사항에 집중되고 있 다. 최근 경제민주화를 표방한 대부분의 입법은 재벌 때리기에 골몰 하는 듯하다.

하지만 재벌규제가 완화된 시기는 아이러니컬하게도 정권 초 재벌 을 못마땅하게 생각했던 노무현 정부 말기였다. 중소기업 고유 업종 제도가 2006년 전면 폐지되었고, 2007년에는 대표적인 재벌규제인 출자총액 제한제도 대상 기업이 자산규모 6조 원에서 10조 원으로, 출자한도도 순자산의 25%에서 40%로 대폭 완화되었다. 이명박 정 부 시절인 2009년 출자총액 규제가 전면 폐지되었지만 재벌의 문어 발식 계열사 확장과 중소기업 고유 업종 진출은 노무현 정부 말기의 중소기업 고유 업종 폐지와 재벌규제 완화조치 이후 크게 증가했다.

내가 금융감독원장으로 있던 2012년 재벌규제 완화가 대기업 그 룹에 미친 영향을 실무국에 분석토록 지시하여 나온 결과를 보면 분 석 대상 39개 대기업 그룹의 평균 국내 계열사수는 2007년 24개에 서 2011년 35개로 증가했고, 평균 총자산 규모도 17조 4000억 원에 서 30조 3000억 원으로 약 3배 증가하였다. 또 39개 그룹의 GDP 대 비 매출액 비중도 2007년 64%에서 2011년 89%로 크게 증가하여 경 제력 집중이 심화되었다.

39개 그룹이 영위하는 업종 수도 규제 완화가 이루어지지 않은 2000년~2007년에는 큰 변화가 없다가 규제 완화가 이루어진 2008 년 이후 신규 업종 진출이 급증하였다.

업종 수 : (2000년) 53개 → (2004년) 51개 → (2007년) 48개 →
(2011년) 61개

특히 건설사의 경우 재벌그룹들이 경쟁적으로 진출하여 2007년
23개 그룹이 36개 사 보유에서 2011년 31개 그룹이 64개를 보유할
정도로 큰 폭으로 증가하였다. 중소기업 적합 업종 진출도 증가하여
9개 그룹의 13개 사가 중소기업 적합 업종을 영위하고 있는 것으로
조사되었다.

게다가 늘어난 계열사나 업종의 상당수가 재벌 2, 3세의 경영 및
지분 참여로 이루어졌고, 중소기업과 경쟁하거나 골목상권에 진출
함에 따라 국민의 분노를 사는 빌미를 제공했다. 때마침 글로벌 금
융위기 이후 양극화 심화와 반(反)월가 시위가 맞물리면서 재벌 규
제에 대한 공감대가 확산되는 계기가 되었다. 하지만 냉정하게 따져
보면 재벌규제 완화가 우리 경제에 부작용만 낳았던 것은 아니다.
2007년 재벌규제 완화 이후 대기업 그룹의 매출 증가율이 GDP 상
승률을 크게 초과하여 글로벌 금융위기 이후 경제성장을 주도하였
고 고용 및 수출 증가에도 크게 기여하였다. 예를 들어 39개 그룹의
고용 인력은 2007년 76만 명에서 2011년 98만 명으로 29% 증가했
는데, 이 기간 국내 기업 평균 고용증가율 13.5%를 상회하고, 수출
비중도 2007년 62%에서 2011년 67%로 높아졌다.

국민들도 재벌 자체보다는 제빵업계에 경쟁적으로 진출하면서 골
목 제과점의 폐업이 속출하고, 대형마트끼리 과당 경쟁으로 인근 소
상공인의 피해가 속출하는 것과 같은 내수시장에서의 일감 몰아주

기나 문어발식 확장과 같은 불공정한 행위나 비윤리적인 행태를 비판하고 있다고 봐야 한다. 따라서 경제민주화나 재벌개혁은 실태에 대한 철저한 분석을 토대로 대상과 범위를 엄격히 선정해 추진할 필요가 있다.

글로벌 시장에서 세계적인 기업과 경쟁하는 대표선수들의 발목에 족쇄를 채우는 어리석음을 범해서는 안 된다는 얘기다. 자칫하면 국내 기업의 해외 이탈을 가속화시켜 양질의 국내 일자리를 없앨 수 있기 때문이다. 재벌개혁에는 시기와 방법의 선택도 중요하다. 국내 경기가 세계 경제의 불확실성 증대와 내수침체로 그 어느 때보다 어려운 상황에서 과격하고 급진적인 개혁은 도리어 역풍을 초래할 수 있다. 급진적이고 과격한 개혁은 목표를 달성하기보다 오히려 개혁을 후퇴시킨 사례들이 적지 않음을 역사적으로도 확인할 수 있다. 따라서 우선순위와 완급을 가려가며 국가 경제에 주름이 가지 않는 범위에서 단계적으로 추진할 필요가 있다.

재벌규제가 너무 모호하게 이루어지면 또 다른 사회적 비용을 초래할 수 있다는 점도 명심해야 한다. 최근 일감 몰아주기 규제 법안이나 상법 개정안 중 일부는 사회관습에도 맞지 않을 뿐 아니라 조문 내용이 지나치게 애매모호하여 자칫하다가는 관치의 개입을 증대시킬 우려가 있다. 우리나라 재벌의 가장 큰 병폐는 재벌 총수가 쥐꼬리만한 지분으로 황제 경영을 한다는 점이다. 법적인 의사결정 기구인 주총과 이사회를 허수아비로 만드는가 하면 등기임원도 아니면서 독단적인 결정을 일삼다가도 정작 결과에 대해서는 책임지지 않는다.

물론 재벌 오너 체제가 무조건 나쁜 건 아니다. 외국 학자들도 우리 기업이 글로벌 시장에서 두각을 내는 원동력으로 신속한 의사결정을 가능케 하는 오너 체제를 꼽고 있다. 만약 삼성이 전문경영인 체제였다면 미래가 불확실한 반도체 부문에 그렇게 과감하게 투자할 수 있었을까? 기아차도 전문경영인 체제에서 오너 체제로 전환한 후 안정적인 성장이 가능했다. 결국 오너십 논란보다는 황제 경영으로 초래되는 폐단을 막을 수 있는 견제와 감시 장치를 강구하는 데 머리를 맞대는 것이 올바른 접근법이라고 본다.

외환위기 이후 '고용 없는 성장'이 새로운 패턴으로 자리 잡았다. 괜찮은 일자리는 갈수록 줄고 처우가 열악한 비정규직이나 영세 자영업과 중소기업이 빈 공간을 메워왔다. 엄청난 이익을 챙기면서도 일자리 창출에는 기여하지 않는다는 이유로 재벌에 대한 반감이 상승작용을 했던 게 사실이다. 따라서 경제민주화가 성장을 촉진시켜 일자리를 늘리지 못한다면 한때의 한풀이식 푸닥거리였다는 비판을 받아도 할 말이 없게 된다.

이런 맥락에서 볼 때 '재벌은 악' '중소기업은 선'이라는 식의 이분법적인 사고에서 벗어나 국가 경제를 아우르는 관점에서 경제민주화가 추진돼야 한다. 중소기업이라는 이유로 무작정 보호하고, 대기업의 진입을 막는다고 중소기업의 경쟁력이 높아지는 것은 아니다. 오히려 외국 기업들이 그 틈을 비집고 들어와 잇속을 챙길 가능성이 있다. 이는 누구도 원하지 않는 결과다. 거듭 강조하지만 대기

업의 투자와 기업활동은 철저히 보장하되, 하청업체 납품단가 후려
치기, 공정한 경쟁 저해로 소비자 피해를 초래하거나 법 위에 군림
하는 총수의 행태만 선별적으로 규제하는 방식으로 재벌개혁을 추
진해야 할 것이다.

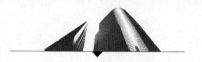

월세 중심 서민주거대책 필요하다

**월세 임대주택 공급 확대하고
월세 세입자 위한 금융 지원 늘려야**

전 셋값이 연일 급등하면서 매물은 자취를 감추고 있다고 한다. 관련 통계에 따르면 이명박 정부 5년 동안 전셋값은 집값 상승률의 세 배를 웃돌았다. 이전의 노무현 정부에서는 정반대로 집값 상승률이 전셋값 상승률보다 월등히 높았다. 전세제도는 우리나라에만 있는 독특한 제도다. 고금리와 주택공급 부족 시절에 내 집 마련의 꿈과 집값 상승의 기대감이 어우러져 생겨난 제도이다. 오랜 세월 중산·서민층의 주거안정을 지탱했던 전세제도가 최근의 환경 변화로 뿌리째 흔들리고 있다. 2인 이하 가구가 절반에 달하는 가구 구조의 변화와 부동산 불패신화의 붕괴로 집을 구입해야 할 강력한 동기가 사라지면서 전세 공급 물량은 갈수록 줄어들 전망이다.

이론적으로 보자면 집값 상승을 기대할 수 없다면 집을 보유하기보다는 임차가 유리할 수 있다. 재산세 등 세금 부담 외에 노후화로 인한 감가상각, 유동화 문제 등을 감안할 때 보유에 비해 임차 비용이 싸기 때문이다. 저금리, 저성장, 고령화 과정을 거치면서 부동산 가격이 안정된 선진국에서 안정적인 수익이 보장되는 월세가 대세인 것도 바로 이런 이유에서다.

전세제도는 집값 하락 시 깡통주택 발생 등 법률관계를 복잡하게할 수 있어 임대인이나 임차인 모두 기피하게 된다. 따라서 최근의 전셋값 상승은 월세 선호에 따른 전세 공급 물량 감소와 전·월세간 수익률 격차 등 구조적 요인에 의해 지난 몇 년 간 진행된 전셋값 상승 기조의 연장선상에서 보아야 실체에 접근할 수 있다. 우리나라가 선진국처럼 최근 전세가 월세로 상당 부분 대체되고 있는 것도 저금리 기조의 장기화와 주택 수요층의 변화 등 복합적인 측면에서 분석해야 한다는 얘기다. 문제는 월세 수요층이 미처 준비도 되지 않은 상황에서 전세의 월세 전환 속도가 지나치게 빠르다는 점이다.

2012년 전국 가구 중 월세 가구는 21.6%(372만 가구)로 전세(21.8%)와 거의 같은 수준이 됐다. 수도권은 월세 비중이 23%에 이른다. 소득별로는 월소득 220만 원 이하인 계층의 월세 가구 비중은 2006년 30.6%에서 2012년에는 40.3%로 10%포인트나 늘어났다. 월세 수익률은 한때 전세 수익률의 세 배를 웃돌았다. 최근 월세 수익률이 다소 낮아지고 있지만 전세 수익률보다는 여전히 높아 월세를 사는 서민층에게는 큰 부담이 되고 있다.

국민경제 측면에서도 월세 전환 증가는 가계의 주거비 상승을 초래해 소비 침체의 원인이 되고 있다. 한국은행 발표에 따르면 전세 가격이 1% 오르면 소비는 0.18% 감소한다. 월세 전환시 소비감소 효과는 이보다 훨씬 클 것으로 추정된다. 전세에 살고 있는 사람들은 나름대로 재산을 보유하고 있거나 신용을 통해 차입이 가능한 사람이다. 반면에 월세에 사는 사람들은 상대적으로 저소득층 비율이 높다. 월세 가구 중 60%는 월소득 200만 원 미만의 저소득층이고 이들은 소득 중 평균 42%를 임대료로 지불한다는 조사결과도 있다.

따라서 정부의 임대주택 정책은 취약계층인 월세 가구에 맞춰져야 함에도 현실은 오히려 전세에만 집중되어 있다. 은행권의 '목돈 안 드는 전세 대출제도'가 대표적이다. 정부가 공급하는 공공임대주택도 저렴한 월세 대신 전세 형태로 공급되고 있다.

물론 전세든 월세든 최근 물량 부족과 가격 폭등은 공급 확대 외에 뾰족한 해결책이 있을 순 없다. 우리나라 공공임대주택 비중은 OECD 평균의 절반 수준에 불과하다. 결국 임대주택 공급 확대를 통해 월세 수익률이 떨어지면 전셋값 인상 압력도 줄어들 것이다.

정부는 주택임대 계약이 전세에서 월세로 바뀌는 추세에 맞춰 월세 임대주택 공급을 확대하여 서민들의 월세 부담을 덜어주는 한편 전세처럼 월세 세입자를 위한 금융 지원도 늘릴 필요가 있다. 선진국처럼 개인 임대보다 기업형 임대주택이 확대되도록 유도하고, 도심이나 교통이 편리한 곳에 서민을 위한 소형 공공임대주택과 기업의 사원용 임대주택 공급 확대를 지원하는 방안도 강구해야 할 것이다.

자영업 이대로 방치해선 안 된다
정부 지원으로 자영업 전용 상품권 발행 검토해 볼 필요

경제에 관심이 있는 사람이라면 도로 변에 빼곡히 들어선 음식점이나 옷가게를 보면 '과연 장사가 될까?' 라는 의문을 가진 적이 있을 것이다. 요즘 들어 이런 가게들의 간판이 자주 바뀌는 것을 보면서 걱정이 현실로 다가오고 있음을 피부로 느낀다.

선진국 가운데 우리나라만큼 자영업 비중이 높은 나라는 없다. 자영업 종사자는 전체 취업자의 28%(약 700만 명)로 OECD국가 평균 16%의 두 배에 달하는 기형적 구조를 갖고 있다. 전 세계적으로 우리나라보다 자영업 비중이 높은 나라는 제조업이 취약한 터키, 그리스, 멕시코 등 극소수에 불과하다.

더 큰 문제는 대부분의 자영업자들이 도소매 · 음식 · 숙박업 · 부동산중개업 등 특정 업종에 지나치게 쏠려 레드오션 상황에 처해 있다는 사실이다. 통계에 따르면 자영업 창업 후 3년 내 생존율이 50% 미만이고, 10년 이내에 75%가 문을 닫는다고 한다. 자영업자들의 월평균 순이익은 150만 원에 불과하고, 소득 하위 20% 계층에 속하는 생계형 자영업자만도 170만 명에 달한다.

우리나라 자영업의 영업 환경이 이처럼 악화된 것은 외환위기의 영향이 크다. 외환위기 당시 대규모 구조조정으로 밀려난 근로자들이 사회안전망 보호를 받지 못하고 너도나도 빚을 내어 준비 없이 창업에 뛰어들었기 때문이다. 자영업자들은 경기가 나빠지거나 고유가 등 영업 환경이 어려워질 때마다 정부에 지원을 호소해 왔다. 2000년 들어 수차례 일어난 화물연대 파업, 2004년 음식점 업주들의 솥단지 시위, 2011년 카드 수수료 인하 요구 시위가 그런 경우이다.

자영업 문제는 종사자 수도 많고 가계부채 문제와 연계되어 있어 단시간 내에 해결하기 어려운 과제이다. 통계청이 매달 발표하는 신규 취업자 수의 상당 부분을 자영업이 차지하고 있다. 앞으로 고령화 진전과 베이비붐 세대(1955년~1963년 출생으로 약 700만 명 추정)의 은퇴가 본격화되면 고령층의 자영업 진출이 늘어 영업 환경은 더 악화될 가능성이 있다.

자영업 문제가 심각한 또 다른 이유는 대부분의 자영업자들이 그동안 외부 차입에 과다하게 의존해 자금을 조달해 왔기 때문에 이들의 부채상환 능력이 악화되면 금융회사의 건전성에도 심각한 악영향을 미칠 수 있다는 점이다. 자영업자의 소득 대비 금융부채비율은 164%로 임금근로자의 94%에 비해 두 배 가까이 높고, 최근 들어 신용도가 낮은 자영업자들이 고금리의 제2금융권으로 내몰리면서 불법 사금융이나 대출사기와 같은 금융범죄에 노출되는 빈도가 잦아지고 있다.

따라서 상황이 더 악화되기 전에 범정부 차원의 대책 마련이 시급하다. 우선 음식·숙박·도소매 등 특정 업종으로의 쏠림현상을 해소하기 위해 중앙정부나 관할 지자체가 창업 정보를 신속히 제공하고 금융회사들도 창업자금 대출시 쏠림현상이 나타나지 않도록 심사할 필요가 있다.

고령화나 맞벌이 가정 증가 등 환경 변화에 맞추어 노인복지사, 가사·육아 등에 관한 서비스 프랜차이즈업 등 부가가치가 높은 선진국형 자영업종으로 전업 및 창업을 유도하고 이를 지원하기 위한 전문 컨설턴트 육성과 전직 훈련을 확대할 필요가 있다. 재무 정보가 부족한 자영업자에 대한 원활한 자금조달과 채무조정을 위한 금융 컨설팅도 강화해야 한다.

자영업의 영업 환경이 개선되려면 무엇보다 침체된 내수가 살아나야 한다. 현재 국내소비는 양극화 심화로 고소득 계층이 이용하는 백화점이나 대형 마트는 경기둔화의 타격을 적게 받는 반면 대부분의 영세 자영업자들은 경기둔화의 직격탄을 맞고 있다. 소비활성화를 위한 중앙정부와 지방정부 차원의 대책 마련이 시급한 이유다.

소비양극화 해소를 위해 현재 유통되고 있는 재래시장 전용 상품권(온누리상품권)과 유사하게 자영업 전용 상품권을 발행하여 정부 차원에서 지원하는 방안을 검토해 보는 것도 괜찮을 것 같다.

고령화 시대에 퇴직자를 활용하자

퇴직자 문제를 보편적 복지라는
재정지원 형태로 접근하면 안 돼

인 생은 60부터라는 옛말이 있지만 요즘 시대상을 보면 '고생은 60부터' 라는 말이 더 어울릴 것 같다. 우리나라의 제1직장 평균퇴직연령은 53세인데 반해 급속한 고령화의 진전과 노후대책 미비로 은퇴 후 품위 있는 삶을 꾸려가기란 결코 쉽지 않다. 경제협력개발기구(OECD) 국가 중 멕시코 다음으로 노동시장 은퇴연령이 낮다는 사실이 이를 방증한다.

통계에 의하면 2012년 기준으로 60세 이상 노인 인구는 841만 명으로 전체 인구의 16.5%에 달하고, 65세 이상도 600만 명이나 된다. 지금과 같은 속도로 고령화가 진전된다면 2026년에는 전체 인구의 20% 이상이 65세 이상인 초고령 사회에 진입하게 된다. 인구 5명 중 1명이 노인인 셈이다.

노령화 사회와 더불어 더욱 걱정되는 부분은 사회안전망 미비 및 노후 준비 부족으로 인해 2011년 기준으로 노인 빈곤율이 무려 49%에 달한다는 점이다. OECD국가 평균(17.1%)의 3배에 해당하는 수치다. 특히 700만 명에 달하는 베이비부머(1955~1963년 출생)들이 60세 이상 노인 인구로 편입될 경우 상황은 더욱 심각해질 수 있다.

인구구조 추세를 보더라도 우리나라는 생산가능 인구(15~64세 경제활동 인구)가 2017년부터 감소세로 돌아서서 2021년부터 산업현장에 절대적인 노동력이 부족해지는 현상이 현실화된다. 이렇게 되면 우리 경제의 활력이 떨어지는 노쇠화 현상이 본격적으로 나타나게 된다. 일본에서 빚어지고 있는 무기력증이 사회 전반적으로 엄습하게 되는 것이다.

우리보다 고령화를 일찍 경험한 구미 선진국을 보면 탄탄한 복지제도를 바탕으로 노인들은 퇴직 후에도 각 분야에서 자신의 직장시절 전공과 경험을 살려 사회활동에 참여하고 있다. 소위 정년퇴직자의 노하우를 재활용하는 시스템이 잘 갖춰져 있는 것이다.

예를 들면, 영국에서는 70~80살 되는 노인이 정기적으로 초·중등학교나 실업학교에 나가 자신들의 경험을 학생들에게 가르치고 종종 시험 감독관으로도 참여한다. 독일에서도 퇴직한 기술자들이 정기적으로 중소기업을 찾아다니며 기술 지도를 해주고 있다. 이에 반해 우리나라에서는 퇴직하면 그동안 자신이 했던 일에서 대부분 손을 떼고 생소한 분야의 자영업에 뛰어들거나 산이나 공원을 전전하며 소일하게 된다.

우리 주변에서도 은행이나 교사로 30년 이상 종사한 분들이 별다른 준비 없이 음식점업에 뛰어들었다가 어려움을 겪는 사례는 숱하게 목격하게 된다. 우리나라의 경우 많은 노인들이 연금 혜택을 받지 못해 생활비를 충당하는 방편으로, 또는 노후 준비 부족으로 불가피하게 재취업에 나서거나 빚을 내서 자영업에 뛰어드는 경우가 많다. 지금까지 청년 실업문제에 가려 노인 취업문제는 정책적으로도 뒷전으로 밀린 경향이 있었다.

지금부터라도 퇴직자들이 자신의 노하우나 경험을 살려 성공할 수 있는 분야로 취업을 유도하거나 창업을 권장하도록 할 필요가 있다. 이를테면 대기업이나 금융회사를 퇴직한 분들은 청년들이 기피하는 중소기업이나 사회적 기업 등 비영리단체에 취업을 알선하고, 자신의 노하우를 살릴 수 있는 분야에 창업을 권장하는 시스템을 중앙정부와 지방정부, 산업계가 협력하여 체계적으로 갖출 필요가 있다.

최근 한 민간연구소의 조사에 따르면 우리나라 55세 이상 장년 및 노년층의 80% 이상이 근로를 희망하고 있으며, 퇴직 후 일하고 싶은 이유 중 경제적인 이유가 30%인 반면, 70%는 건강, 능력 및 지식활용, 삶의 의미와 보람을 느끼기 위해서라고 한다. 퇴직자 활용 프로그램만 제대로 갖춘다면 고령화문제를 훨씬 싼 비용으로 대처할 수 있다는 얘기다. 따라서 선진국처럼 퇴직한 장년 및 노년층이 자기의 경험이나 노하우를 재능기부나 자원봉사 형태로 발휘할 수 있는 네트워크 구축이 시급하다고 본다.

하지만 우리나라에서는 아직 업종별 퇴직자 실태조사는 말할 것도 없고 이들을 한데 묶을 수 있는 단체조차 제대로 구성되어 있지 않은 것 같다. 이제 정부가 업종별 퇴직자 단체와 퇴직자총연합회 설립을 지원하여 퇴직자의 재취업, 창업, 재능기부 등에 관한 각종 정보제공과 훈련, 알선 등의 서비스를 체계적으로 지원하는 방안도 검토할 필요가 있다고 본다. 퇴직자 문제를 '보편적 복지'라는 재정 지원 형태로 접근했다가는 미래 세대와의 갈등은 물론, 국가재정에도 핵폭탄급 재앙이 된다는 사실을 잊어선 안 될 것이다.

외국인 관광객 1000만 명
시대의 명암

**외국인 호기심 자극할
고부가 관광 콘텐츠 개발 서둘러야**

지난 2012년 우리나라를 찾은 외국인 관광객이 1000만 명을 돌파한 데 이어 2013년에는 1150만 명에 육박할 것이란 예상이다. 1962년 1만 명에서 1978년 100만 명, 2000년 500만 명을 넘어서는 등 실로 폭발적인 증가세를 기록하고 있다.

그 결과 우리나라는 지난해 외국인 관광객 입국 기준으로 세계 23위, 관광수입으로는 142억 달러, 세계 21위로 올라섰다. 아시아권에서는 중국, 말레이시아, 홍콩, 태국, 마카오에 이어 6번째다. 세계적으로는 프랑스, 미국, 중국, 스페인, 이탈리아 등 땅덩어리가 넓거나 문화유산이 많은 나라가 상위에 올라 있다.

지난해 외국인 관광객 1000만 명의 경제적 효과는 2000 cc급 자동차 100만 대 수출과 맞먹는다. 좁은 국토에 문화유산도 풍부하지 않

은 우리나라가 최근 3년간 60% 이상의 비약적인 관광산업 성장을
보인 것을 보면 아무래도 삼성전자나 현대차 등 우리 수출 주력 기
업의 브랜드 파워와 비자절차 간소화, 드라마와 k-pop과 같은 한류
의 영향에 힘입은 바가 크다고 생각된다. 최근 외국인 관광객 중 중
국 등 아시아 국가의 관광객이 급증하고 있는 것도 이와 무관하지
않을 것이다.

관광산업은 외화 획득과 서비스 수지 개선에도 기여하지만 내수
산업 활성화를 통한 일자리 창출과 지방경제 활성화에도 적잖은 도
움이 된다. 예를 들면, 세계적으로 유명한 관광지인 캐나다의 부차
트 가든은 관광산업과 연관된 많은 일자리를 창출하고 있을 뿐 아니
라 지방정부인 브리티시 컬럼비아주의 재정수입에도 상당 부분 기
여하고 있다.

우리나라는 요즘 미국이나 중국, 프랑스 등 관광 대국을 압도할 정
도로 외국인 관광객 수가 가파르게 증가하고 있으나 질적인 면에서
는 제자리걸음이거나 오히려 뒷걸음질하고 있다는 지적을 받고 있
다. 이를테면 외국인 관광객 평균 체류기간은 2008년 7.4일에서
2011년에는 7.0일로, 1인당 소비 금액은 1410달러에서 1250달러로
오히려 감소했다. 외국인 관광객들이 보고 즐길 수 있는 관광자원이
그만큼 빈약하다는 뜻이다. 2011년 와튼계량경제연구소(WEFA)가
발표한 우리나라 관광산업의 경쟁력 지수는 전 세계 139개 국 중 32
위에 머물고 있다.

이에 따라 앞으로 관광산업 정책은 질적인 수준을 높이는 데 역점

을 둬야 한다고 본다. 특히 중국 등 아시아 신흥국가의 고소득자 취향을 겨냥한 의료 등 전용상품 개발과 관광 인프라 확충(카지노나 고급식당, 대형 공연장 등)은 시급한 과제라 할 수 있다. 외국인 관광의 대부분을 차지하는 쇼핑관광 외에도 의료, 교육, 문화 등 여타 산업과 융합한 고부가 관광산업을 육성할 필요가 있다.

현재 우리나라를 찾는 외국인 관광객의 80%가 서울 방문객이다. 서울은 대한민국을 상징하는 수도임에도 호주 시드니의 오페라하우스나 프랑스 파리의 에펠탑처럼 랜드 마크라고 내세울만한 건축물이 없다. 한강 유람선을 타고 바라보는 서울의 야경은 아파트 불빛만 요란할 정도로 무미건조하다. 지방에는 나름의 볼거리가 있으나 홍보 부족과 숙박시설, 연결교통망 미비로 외국인 관광객의 시선을 끌지 못하고 있다.

오랜 세월 관광산업이 정착된 유럽 국가들을 보면 관광자원이 대도시에만 집중돼 있지 않고, 농촌체험형 숙박 네트워크 구축 등을 통해 지방까지 그물망으로 엮어져 있다. 우리도 서울과 지방을 연계한 다양한 관광상품 개발과 홍보, 숙박시설 확충, 관광안내판 정비 등 관광 인프라 구축에 더 많은 노력을 기울여야 할 것이다.

한국을 다시 찾는 외국인 관광객의 비율이 40%에 불과하다는 사실은 시사하는 바가 크다. 이 비율을 높이기 위해서는 외국인 관광객들의 호기심을 충족시킬 수 있는 콘텐츠 개발이 시급하다. 취약한 언어 소통문제 역시 우리에게 주어진 숙제다. 이밖에 바가지요금이나 싸구려 관광 등 한국의 이미지를 훼손하는 행위에 대해서는 지속적으로 단속을 강화해야 할 것이다.

　우리나라 사람들이 많이 찾는 중국 후난성의 장가계는 벤치마킹의 모델이 될 수 있을 것 같다. 중국 중앙정부와 지방정부가 긴밀한 협력 아래 장기간에 걸쳐 관광지를 개발하여 다양한 볼거리와 서비스를 제공함으로써 외국인들의 발길을 지속적으로 끌어들이고 있다. 관광산업에도 창조적인 사고와 접근이 필요한 때다.

고용률 70%는 포기할 수 없는 과제

**사회 패러다임과 의식 바꾸면
고용률 70% 달성 불가능한 목표 아니다**

박근혜 정부는 2013년 6월 초 임기 말인 2017년까지 고용률 70%를 달성하기 위한 로드맵을 발표했다. 연평균 47만 6000개, 5년 동안 모두 238만 개의 일자리를 만들어 15~64세 생산가능인구 대비 취업자의 비율을 70%까지 높이겠다는 것이다.

2013년 4월 말 현재 우리나라 고용률은 64.4%였다. OECD 평균 66.1%(2012년 기준)보다 1.7%포인트 낮은 수치이고, 34개 회원국 중 20위권이다.

박근혜 정부는 이 목표를 달성하기 위한 구체적인 방법으로 ● 창조경제를 통한 일자리 창출 ● 장시간 근로구조 개혁 ● 경력단절여성과 청년층, 그리고 비경제활동인구의 노동시장 진입 유도 ● 근로형태 차별 해소 및 양질의 시간제 일자리 창출 등을 제시했다.

전 세계적으로 '고용 없는 성장'이 일상화된 상황에서 마른 수건을 다시 짜기보다는 새로운 우물을 파고, 2011년 기준으로 연평균 2090시간에 이르는 세계에서 두 번째로 긴 근로시간을 줄여 일자리를 만들겠다는 뜻이다.

또 지난 10년간 50% 초반에 머물고 있는 여성의 고용률을 선진국 수준으로 20~30%포인트 더 높이고, '저급 비정규직 일자리'로 기피 대상이 되고 있는 시간제 일자리를 정규직과의 차별 해소를 통해 일자리의 질을 끌어올린다면 고용률 70% 달성은 불가능한 목표가 아니란 게 정부의 판단인 듯하다.

과거처럼 경제성장률 기준으로 일자리 창출 숫자를 헤아린다면 박근혜 정부의 고용률 70% 달성은 이명박 정부의 '7-4-7'(연 7% 성장, 국민소득 4만 달러, 세계 7대 경제대국) 공약처럼 허황된 목표가 될 가능성이 농후하다. 경제성장률이 연평균 7.7%였던 1989~1997년 연평균 취업자 증가 숫자는 42만 2000명이었다. 하지만 이제는 대규모 추경을 편성해 경기를 떠받치더라도 연 4% 성장도 버겁다. OECD는 우리나라의 잠재성장력을 2017년까지 3.4%, 2018년부터 2030년까지 2.4%, 그 후에는 1%까지 떨어질 것이라는 전망을 내놓고 있다.

상황이 이렇다면 지금까지와는 전혀 다른 각도로 접근하는 수밖에 없다. 먼저 과로형 장시간 근로 시스템이 여전히 유효한지 따져 봐야 한다. 과거 추격형 성장 모델에서는 이런 시스템이 효자 노릇을 했는지 모르지만 창조형, 선도형으로 전환하려는 시점에서는 대폭 수술이 불가피하다고 본다.

단순 계산하자면 연평균 근로시간을 100시간 줄이면 고용률은 1.9%포인트 상승한다. 우리나라의 연평균 근로시간을 OECD 평균인 1737시간까지 줄인다면 고용률이 6.7%포인트 오른다는 얘기다.

평균 근로시간 단축으로 비는 자리를 일자리에서 밀려난 여성과 청년층, 비경제활동 인구로 채운다면 우리의 노동시장은 훨씬 더 역동적이고 다양해질 수 있다. 지금처럼 정규직과 비정규직이라는 이분법적인 대결구도에서도 탈피할 수 있다.

우리나라는 2017년이면 생산가능 인구 비율이 72.6%, 중위연령이 41.9세, 노년부양비가 19.2%, 노령화지수가 104.1%인 '늙고 병든 코리아'가 된다. 이미 이와 같은 조짐은 산업 현장에서 나타나고 있다. 2011년 기준으로 현대차 근로자의 평균연령은 43세, 현대중공업은 43.9세이다. 글로벌 시장에서 경쟁력을 가질 수 없는 인력구조다.

반면 우리나라 청년(15~24세)은 높은 대학진학률, 군 복무, 취업준비 장기화 등으로 노동시장 진입이 늦다. 우리의 청년 경제활동참가율은 25.5%로 영국(62.9%)이나 미국(55.2%), 일본(43.1%), 프랑스(39.7%)에 비해 현저히 낮다. 노후 준비가 제대로 되지 않은 50대 이상 노령층이 노동시장의 주류를 형성하고 있다.

정부는 2003년 고용률 64.6%에서 2008년 70.2%, 2011년 72.6%로 끌어올린 독일을 벤치마킹 하고 있는 듯하다. 독일은 제조업 경쟁력을 기반으로 제조업지원 서비스업 일자리를 획기적으로 늘려

마(魔)의 70%선을 돌파했다.

우리도 모든 산업정책을 고용 친화형으로 재편하고 교육과 노동시장을 연계하는 등 사회 패러다임과 의식을 바꿔나간다면 고용률 70% 달성은 결코 불가능한 목표가 아니다.

정부는 여성들의 경력 단절과 경제활동 참가를 유도하기 위해 보육의 부담을 덜어주는 보다 적극적인 정책을 시행해야 한다. 또 선진국처럼 청년층이 인턴 형태로 노동시장을 경험할 수 있는 기회를 대폭 확대하는 한편, 인턴이 좋은 일자리로 가는 통로 역할을 할 수 있도록 제도적인 뒷받침을 해 주어야 한다.

그리고 무엇보다 중요한 것은 정규직과 비정규직간의 차별을 해소해 구직자의 선택의 폭을 넓혀주는 것이다. 일자리는 가계소득의 원천이자 자아실현과 자유, 그리고 행복의 토대다.

전력대란 시장논리로 풀어라

전기요금 현실화하고 에너지 수입시장
민간 개방해 경쟁 유도해야

더위가 기승을 부리던 2013년 8월 초 외국계 금융사 한국지점에 근무하는 간부가 본사 회장을 모시고 정부 청사를 방문했다가 겪은 일이다. 수은주가 33도를 웃도는 폭염에도 정부의 절전시책에 따라 에어컨을 켜지 않아 그 본사 회장은 연신 땀만 훔치다 제대로 이야기도 못하고 황급히 청사를 빠져나왔다는 것이다. 더위가 유난히 맹위를 떨쳤던 당시 블랙아웃(대규모 정전사태)을 저지하기 위해 정부가 절전 총력전을 펼친 가운데 이와 같은 사례는 적지 않았을 것이다.

모든 국민들과 산업계의 절전 동참으로 최악의 사태는 모면했지만 국민들과 산업계가 느꼈을 불편은 이루 말하기 어려웠을 것이다. 생산 차질은 물론, 외국인 관광객과 소비 감소 등 국가 경제적으로도 적잖은 유·무형의 손실을 초래했을 것이다.

2011년 '9.15 정전 대란' 사태가 발생한 지 2년이 흘렀지만 전력 수급 사정은 여전히 개선되지 않고 있다. 정부는 지금까지 국민들에게 고통 분담에 동참하라는 말만 앵무새처럼 되풀이하고 있다.

일본 등 대다수의 선진국들은 1970년대 두 차례에 걸친 오일 쇼크를 겪으면서 산업구조를 에너지 절약형으로 전환해 왔다.

반면, 기름 한 방울 나지 않는 우리나라는 연간 원유 수입액이 전체 수입의 20%(1000억 달러)에 이를 만큼 높은 비중을 차지하고 있음에도 에너지를 절약하려는 별다른 노력을 하지 않았다. OECD 회원국 중 전기요금이 가장 싼 탓에 절전해야 할 이유가 없었던 것이다. 석유와 가스, 냉난방기가 모두 전기로 바뀔 정도로 전기 소비에 둔감하게 되었다. 그 결과, 국민소득에 비해 1인당 에너지 소비량은 세계적으로 높은 수준을 유지하고 있는 반면 에너지 효율은 매우 낮은 실정이다.

이런 상황에서 매년 되풀이되는 에너지 절약 캠페인이나 여름과 겨울철 강도 높은 절전 대책만으로는 근본 문제를 해결하기에 한계가 있다. 일례로 노무현 정부 때 국제유가가 20달러에서 100달러를 넘는 초고유가 상황을 맞아 비상대책을 세우고 각종 에너지 절약대책을 추진했지만 상황은 별로 나아진 것 같지 않다. 공공기관은 여전히 앞장서 에너지 효율이 낮은 건물을 짓고 있고 출퇴근길과 도심 대형 쇼핑센터 주변은 나홀로 자가용으로 넘쳐난다.

에너지 가격결정에 시장 메커니즘이 작동하지 않고 있기 때문이다. 2010년 기준으로 가정용 전기요금(시간당 1kW 전기요금)은 우리나라가 0.083달러로 OECD 평균 0.157달러의 절반 수준이다. 산업용 역시 우리나라는 0.058달러로 OECD 평균인 0.110달러의 절반이다. 특히 경제 성장을 지원할 목적으로 원가 대비 90%를 밑도는 수준에서 공급해 온 산업용 전기가 최근 4년간 한전의 누적 적자 8조 원의 주범이다. 삼성전자가 최근 3년간 누린 전기요금 할인 혜택 규모가 3140억 원이라는 분석도 있다. 2012년 절전 기간 중 대기업 민자 발전소가 생산 단가의 두 배를 받고 한전에 전력을 팔아 챙긴 순수익이 9627억 원이라고 한다.

국민들이 무더위와 추위를 견디며 아낀 전기요금이 기업과 해외 주주의 주머니로 흘러들어간다는 비아냥이 제기되는 이유다. 2012년 전기사용량 중 가정용은 14%인 반면 산업용은 55%다.

세계 15위권의 경제대국이면서도 '전력대란'이라는 후진국형 재난이 되풀이되는 것은 잘못된 수요 예측에 따른 공급 부족도 주요 요인이다. 우리나라는 매년 10%를 밑도는 전력예비율로 인해 재난 경보 발령이라는 촌극을 되풀이하고 있으나 주요 선진국의 전력예비율은 평균 20%를 웃돈다. 대지진과 후쿠시마원전 사태를 겪은 일본은 예비율이 39%, 독일은 무려 90%나 된다.

높은 예비율을 유지하려면 전기료를 올려야 한다지만 민간 전력 매입 기금과 한전의 적자가 결국 국민의 부담으로 귀결된다는 점에서 적정 수준의 예비율 확보는 시급한 과제라 할 수 있다.

정부는 현재 6단계인 가정용 전기요금 누진제를 3단계로 완화하는 대신 산업용 전기에 대해서는 피크타임 때 높은 요금을 부과하는 방식으로 요금체계를 개편할 방침이라고 한다. 뒤늦게나마 전기요금에도 시장논리를 일부 적용하려는 의도인 것 같다. 하지만 이러한 대책만으로는 전력대란을 잠재우기에 역부족이라고 본다. 더 시장논리에 충실한 에너지 대책을 세워야 한다. 전기요금 현실화와 함께 필요하다면 에너지 수입시장도 민간에 개방해 경쟁을 유도해야 한다.

선진국들은 건축, 교통, 산업, 환경 등 모든 분야에서 에너지 절약을 유도하기 위한 인센티브와 제재를 병행하고 있다. 우리도 이러한 제도 도입과 더불어 중앙정부와 지방정부가 함께 참여하는 에너지 절약 마스터플랜을 세워야 한다.

서비스산업 키워 일자리 창출하자

개방과 경쟁 논리 도입해 서비스산업이 주도하는
신성장 르네상스 시대 열어나가야

노무현 정부에서 이명박 정부에 이르기까지 지난 10년 동안 가장 많은 경제 관료들이 역점을 두고 추진했지만 성과가 미흡했던 분야가 서비스산업 육성을 통한 일자리 창출이 아닌가 싶다.

노무현 정부에서는 이헌재, 한덕수, 권오규 부총리가, 이명박 정부에서는 박병원 경제수석, 윤증현 재경부장관 등이 교육 · 보건 · 의료 · 관광 등 서비스 분야의 규제를 풀어 경쟁력을 높이고 좋은 일자리를 창출하려는 계획을 야심차게 추진했다. 하지만 번번이 관련 부처와 이익단체들의 기득권 장벽을 넘지 못했다.

선진국에서는 제조업 분야에서 해외 진출로 생긴 산업 공동화와 고용 없는 성장에 대응하는 방편으로 서비스업 경쟁력 강화를 통한 일자리 창출에 눈길을 돌리고 있다.

우리나라도 산업구조가 고도화되면서 선진국이 밟아 온 전철처럼 제조업의 고용창출 능력이 갈수록 떨어지고 있다. 이에 반해 서비스업은 도·소매, 음식숙박업 등 저부가가치 부문에 집중돼 있어 서비스업 생산성이 미국의 60% 수준에 불과할 뿐 아니라 젊은이들이 가고자 하는 양질의 일자리 창출에도 기여하지 못하고 있다.

따라서 박근혜 정부는 대통령의 강력한 리더십과 확고한 철학 아래 부처간 벽을 허물어 역대 어느 정부도 해내지 못한 서비스업의 경쟁력 강화를 통한 일자리 창출을 해낼 것을 기대해 본다.

현재 서비스업 중 규제 완화를 통해 가장 많은 양질의 일자리 창출이 기대되는 분야는 보육, 보건, 의료 등 사회 서비스업이다. 우리나라의 사회 서비스업 부가가치 비중은 산업 전체의 19%로 미국(26%)에 비해 크게 낮은 수준이다.

고령화 시대를 맞아 제1직장에서 은퇴하는 예비 창업자인 베이비부머들이 공급 과잉으로 지속가능성이 희박한 음식·도소매·숙박업으로 쏠리지 않도록 사회 서비스업 분야로 적극 유도할 필요가 있다. 사회 서비스업 중에서도 의료 서비스산업은 경제 전후방 연관 효과가 매우 큰 일자리 창출의 황금어장이라고 할 수 있다.

재경부가 조사한 자료에 의하면 국내 5대 제조업체는 매출 10억 원 당 고용 인원이 1.08명인데 반해 5대 대형 병원은 매출 10억 원 당 6.86명을 고용하는 것으로 나타났다. 제조업에 비해 6배 이상의 고용 창출 능력이 있는 것이다. 연세의료원 등 서울 대형 병원은 최소 4000명에서 최대 8000명을 고용하고 있다.

하지만 우리나라의 의료 서비스산업 비중은 GDP 대비 3.2%로 미국(12.2%), 일본(9%), 영국(12.1%) 등 선진국에 비해 크게 낙후돼 있다. 선진국처럼 영리병원 설립이 제도적으로 허용되지 않아 다양한 방식으로 외부 자금을 조달할 수 없는 게 가장 큰 걸림돌이다.

그 결과 이공계의 최우수 인력이 쏠리고 있을 정도로 세계 최고 수준의 의료 인력과 기술을 보유하고 있음에도 태국이나 싱가포르에 비해 외국인 환자 유치 실적은 매우 저조하다. 앞으로 중국이나 중동으로부터 성형수술을 넘어서는 고급 환자를 유치하려면 영리병원 규제 등 허울뿐인 진입장벽을 시급히 완화해야 할 것이다.

관광 레저 산업도 마찬가지다. 내수 활성화와 고용유발 효과가 큰 만큼 획기적인 규제 완화가 필요하다. 싱가포르는 국가경쟁력 강화를 위해 오랫동안 유지해 온 엄격한 규율 국가의 이미지를 버리고 마카오를 롤 모델 삼아 카지노를 전격 허용함으로써 해외 관광객 유치에 많은 성과를 올리고 있다. 지역 이기주의와 일부 시민단체들의 반발에 막혀 좌면우고만 거듭하고 있는 우리로서는 반면교사로 삼아야 할 것이다. 관광·레저 분야는 우리 민족 고유의 놀이문화와 k-pop과 같은 한류를 융합하여 발전시킨다면 보다 많은 외국인들의 발길을 끌어들일 수 있을 것으로 확신한다.

이밖에 금융 분야도 선진국에 비해 금융 저변의 인프라가 매우 취약하다. 선진국에서 성과를 거두고 있는 분야 중 우리나라에 아직 도입되지 않았거나 취약한 분야에 대해서는 보다 과감한 규제 완화를 통해 새로운 일자리를 창출할 필요가 있다. 예를 들면 내가 금융감독원장으로 재직하던 2012년에야 기계, 원재료, 가축 등을 담보로 하는 동산 담보대출 제도가 비로소 도입됐다. 미국은 중소기업 대출의 40%가 동산 담보대출로 이루어지고 있는 반면, 우리나라는 1% 미만에 불과한 실정이다.

동산 담보대출이 활성화된 미국에서는 동산을 평가하는 직업과 기업이 다수 생겨나고 동산을 처분하는 시장도 개설되어 이 부분에서 많은 새 일자리를 창출하고 있다. 우리나라도 앞으로 동산 담보대출이 활성화되면 이와 연관된 일자리가 늘어날 것이다.

또한, 금융 저변의 인프라산업이 활성화되면 현재 인력의 과잉 공급으로 생산성과 수익성 저하에 직면하고 있는 금융권도 인력을 재배치할 수 있는 여력이 생겨날 것으로 본다.

2013년 4월 맥킨지글로벌연구소(MGI)는 한국 경제에 대한 '신성장 공식' 보고서를 통해 "한국 경제는 기존 수출주도형 성장 모델이 동력을 잃었고, 2030년까지 서비스 부문이 선진국 수출의 3분의 1을 차지할 것으로 전망되므로 한국의 새로운 성장 모델을 서비스산업에 둬야 한다."고 권고했다.

한국 제조업의 경쟁력 원천이 개방, 자율, 경쟁에 있었음을 감안할때 서비스산업에도 개방과 자율, 경쟁 논리를 도입하여 서비스산업이 주도하는 '신성장 르네상스 시대'를 열어나가야 할 것이다.

독일의 중소·중견기업
이래서 강하다

'비 올 때 우산 뺏는' 우리와 다른
금융 시스템이 활력소 역할

박근혜 정부는 출범 초기 중소·중견기업 육성에 관한 각오와 의지를 어느 때보다 높이 피력했다. 박근혜 대통령은 2013년 8월 하순 중견기업연합회 회장단 30명을 청와대에 초청한 자리에서 중소기업에서 중견기업으로, 그리고 대기업으로 이어지는 성장사다리 구축을 위해 중소기업이 중견기업이 되더라도 연구개발투자 등 꼭 필요한 지원을 함으로써 히든 챔피언과 같은 글로벌 전문기업으로 육성하겠다는 방침을 밝혔다.

우리 경제가 지속가능한 성장을 도모하려면 과거와 같은 소수 대기업 중심의 수출성장 전략으로는 한계가 있기 때문이다. 최근 들어 국내 경제는 내수침체가 장기화되는 과정에서 수출의 성장 기여도가 날로 높아가고 있고 철강·조선·해운·건설 등의 불황으로 삼성전자나 현대차와 같은 일부 대기업에 대한 의존도가 심화되면서 통계상의 착시현상까지 나타나고 있다.

따라서 균형성장을 위해서는 경제의 허리를 지탱하고 있는 중소·중견기업의 경쟁력 강화가 필수적이다. 국내 중소·중견기업이 경쟁력을 갖지 못하는 데는 여러 요인이 있겠지만, 우리 금융회사들이 경제가 어려울 때마다 자금 공급을 줄이는 등 '비 올 때 우산 뺏는' 방식의 이기적인 영업에도 원인이 있다고 본다.

우리와 달리 독일은 금융회사가 기업과 장기간에 걸쳐 긴밀한 관계를 형성하는 '관계형 금융'(Relationship Banking)을 통해 실물경제에 안정적으로 자금을 공급하는 금융 시스템을 갖춘 대표적 국가이다. 그 결과로 글로벌 경쟁력을 갖춘 대기업은 물론이고 (2012년 포춘지 선정 세계 500대 기업이 32개로 세계 4위), 널리 알려지지 않았지만 세계시장을 선도하는 중견기업(Hidden Champion)도 가장 많이 보유한 국가다. 현재 세계시장을 선도하는 히든 챔피언은 2734개인데 그중 1307개인 48%를 독일이 보유하고 있다. 미국(366개), 일본(220개), 스위스(110개) 등 경쟁국가에 비해 월등히 많다. (헤르만 지몬은 저서에서 히든 챔피언을 세계시장 점유율이 1~3위로 높지만 대중에게 잘 알려져 있지 않은 매출액 50억 달러 이하 기업으로 정의했다.)

이를 바탕으로 독일은 유럽 재정위기의 파고 속에서도 유일하게 견실한 성장을 유지하고 있고, 실업률도 유로존 국가 평균(2012년 11.2%)의 절반 수준인 5.2%로 고용이 매우 안정되어 있다. 우리나라는 국가 경제에서 차지하는 금융의 비중이 크지 않고 은행 중심의 실물지원 금융 시스템을 발전시켜 왔다는 점에서 독일과 유사하다.(GDP대비 금융 부문 비중 : 독일 283%, 한국 296%, 미국 375%, 영국 519%)

다만 독일은 중소·중견기업에 대해 차별화된 영역에서 특화된 서비스를 제공하는 은행이 다수이며, 지역경제와 중소기업 지원에 특화된 공적 성격의 저축은행 그룹과 신용협동조합의 비중이 높다. 특히 저축은행 그룹은 지방정부가 대주주이다. 영리를 추구하는 대형 은행과 달리 지역공동체 발전에 관심을 갖고 전체 기업여신의 42%를 공급하고 있다. 신협도 기업여신 비중이 16%로 대형 은행(13.5%)보다 높다.

반면 우리나라는 대형 시중은행이나 중소기업은행, 지방은행 등 모두가 천편일률적인 영업 전략 아래 동질의 서비스를 중소·중견 기업에 제공하고 있다. 저축은행이나 신협의 중소기업 대출 비중은 독일과 달리 극히 미미하다.

이밖에 독일은 장기 기업대출(5년 이상) 비중이 70%에 육박하는 등 기업이 하나의 은행(Haus Bank·주거래은행)과 오랫동안 거래 관계를 유지하는 반면 국내은행들은 장기대출(5년 이상) 비율이 31.4%로 독일의 절반에도 못 미친다.

따라서 앞으로 은행의 기업금융 지원 시스템을 독일처럼 은행과 기업이 장기적인 관점에서 상생관계를 형성할 수 있도록 관계 금융으로 활성화시킬 필요가 있다. 이렇게 되면 은행은 기업의 각종 정보를 축적하여 신용 리스크를 줄일 수 있고 기업은 유연한 조건으로 장기자금을 안정적으로 조달할 수 있다.

관계형 금융 활성화를 위해 독일처럼 주채권 은행은 기업 주식 취득, 고객보유 의결권 대리행사, 이사회 참여 등이 가능토록 제도 개선을 적극 검토해야 한다. 상대적으로 소외된 지방기업, 중소기업의 금융 여건을 개선하기 위해 이 분야에 특화된 금융회사를 육성하는 방안도 강구해야 한다.

우리나라는 독일과 달리 은행은 일정 규모 이상인 우량 중소기업과 중견기업, 대기업 대출만 선호하고 있으며, 저축은행은 주택담보 대출이나 PF 대출 등에 치우친 탓에 중소기업에 체계적인 금융을 공급하지 못하는 실정이다. 따라서 지방은행과 저축은행, 신협 등이 중소기업에 보다 특화된 서비스를 제공할 수 있도록 유도할 필요가 있다.

금융 분야 이외에도 독일에는 중소기업을 강하게 만드는 많은 요인들이 있다. 예를 들면, 기술 인재양성 시스템, 불황기에 해고 대신 근로시간을 단축하되 부족 임금은 지방정부가 지원하는 제도, 기업 형편이 좋을 때 근로자가 초과근무를 적립해서 어려울 때 쓸 수 있게 하는 근로시간계정 제도, 가업상속 지원제도, 근로자의 안정적 주거지원을 위해 월세를 함부로 못 올리게 하는 제도, 불황기에 노사가 서로 양보하여 임금 인상분을 연구투자에 사용하는 제도 등이 대표적인 사례이다. 이러한 제도와 관행들이 독일의 중소기업을 강하게 만들고 있는 것이다.

해밀턴 프로젝트와 박근혜 정부

지난 정부의 국가 장기 전략
새로 점검해서 취할 것은 취해야

미국 민주당은 중간선거를 앞두고 2006년 4월 '해밀턴 프로젝트' 라는 제목의 경제·사회정책 종합 구상을 발표했다. 당시 부시 공화당 정부의 '오너십 사회전략' 에 맞서는 정책 구상이었다.

해밀턴 프로젝트는 초대 미국 재무장관인 알렉산더 해밀턴의 이름을 딴 것으로, 클린턴 행정부 당시 재무장관이었던 로버트 루빈과 피터 오스잭 전 백악관 경제특보가 중심이 되어 브루킹스연구소와 합작으로 만든 보고서다.

이 보고서가 만들어질 당시 미국은 중국 경제의 부상으로 국내외 경쟁이 심화되고 미국 기업의 해외 이전과 자본의 유출로 미국 제조업 기반이 무너지고 일자리가 줄어 고용 불안이 악화 일로로 치닫고 있는 상황이었다.

여기에다 급속한 고령화로 인해 성장잠재력이 지속적으로 하락하고, 부유층의 투자·소비 증가가 저소득층의 소득 증대에 영향을 미치는 낙수효과(trickle down effect)의 약화로 양극화 현상이 심화되고 있었다. 이런 가운데 사회안전망의 미흡으로 빈곤의 고착화와 미래에 대한 불안이 증폭되고 있었다.

이와 함께 대규모 쌍둥이 적자(재정적자와 경상수지적자), 낮은 저축률로 성장잠재력은 갈수록 위축되고 성장동력 확보를 위한 미래투자도 지지부진한 상황이어서 문제 해결을 위해서 기존의 정책기조와는 다른 혁신적이고 초당파적인 발상이 필요한 시점이었다.

해밀턴 프로젝트는 미국 중간선거를 겨냥해 나온 것이지만 곧 이어 터진 서브프라임 모기지 사태나 글로벌 금융위기를 앞두고 발표되었다는 점에서 나름의 의미가 있었을 뿐 아니라 훗날 민주당 오바마 대통령의 당선에도 어느 정도 기여했다는 평가를 받는다. 특히 해밀턴 프로젝트가 발표될 당시 미국 상황은 지금 한국 경제가 처한 현실과 유사한 점이 많기 때문에 해밀턴 프로젝트에서 제시된 문제 인식과 정책 구상들은 눈여겨 볼 필요가 있다.

해밀턴 프로젝트는 크게 3대 기본철학과 4대 정책기조로 구성돼 있다. 3대 기본철학은 다음과 같다. 첫째는 '폭넓은 기반을 가진 경제 성장'(Broad Based Economic Growth)이다. 폭넓은 계층이 경제 성장에 기여하고 과실 또한 넓게 배분되는 성장방식이 '보다 견고하고 지속가능'(stronger and sustainable)하다는 것이다. 1979~2002년 미국 상위 1%의 세후소득은 111%나 증가한 반면 중위 20% 계층의 소득은 15% 증가하는데 그쳤다. 이와 같이 소수에 집중된 성장 과실은 사회통합과 지속적인 경제 성장을 저해하는 요인으로 작용하였다.

둘째는 복지와 성장은 상호 상승작용을 통해 강화된다는 것이다. 복지는 소비가 아니라 미래를 위한 투자이며, 미래는 사람이 경쟁력이므로 복지 투자는 사람을 키우는 투자라는 시각이다. 또한 성장과 분배는 결코 상충되는 개념이 아니며 경제적 안정감(사회안전망)이 뒷받침될 때 경제 주체들은 위험을 감수하는 진취적 경제활동을 하며, 이것이 경제 성장의 원동력이 된다는 것이다. 박근혜 정부가 주장하는 '창조경제'도 잘 갖춰진 복지와 사회안전망 아래에서 제대로 작동할 수 있다는 점에서 참고할 만하다.

셋째, 효과적인 정부가 경제 성장을 촉진한다는 것이다. 경제 성장의 기반은 시장에 있고 시장 기능은 정부에 의해 저해되어서는 안 되지만 모든 문제를 시장에만 맡겨서도 곤란하다는 것이다. 예를 들어, 기초과학기술 투자나 교육, 직업훈련 등은 시장 논리에 의한 투자가 어려우므로 정부의 보완이 필요하다.

무조건 작은 정부보다 시장 실패를 교정하고 경제 성장의 촉매제 역할을 적극 수행하는 '효과적 정부'가 필요하다는 얘기다. 해밀턴 프로젝트는 이러한 3대 철학을 바탕으로 다음과 같은 4대 정책기조를 제시한다.

첫째, 인적자원 투자 확대를 통한 생산성 제고와 저소득층, 베이비부머 등에 대한 기회 확대. 둘째, 이공계 인력 양성, 기초과학 투자 확대, 에너지 의존도를 낮추기 위한 정책 전환 등 혁신과 인프라 투자 확대. 셋째, 미래 불안 해소를 위한 연금제도 개혁 등 사회안전망 확충. 넷째, 효과적인 정부를 위한 재정 개혁(세출예산 조정 및 세입 증대 방안)과 규제개혁, 정부기관 효율성 평가 등을 제시하고 있다.

노무현 정부는 해밀턴 프로젝트와 유사한 내용의 '비전 2030, 함께 가는 희망한국' 이라는 국가 장기종합전략을 2006년 8월 말 발표한 바 있다.

'비전 2030' 은 성장동력 확충, 인적자원 고도화, 사회복지 선진화, 사회적 자본 확충, 능동적 세계화 등 5개 분야에 총 50개의 정책과제(26개 제도혁신 과제와 24개 선제적 투자과제)를 제시하고 있다. 이를 달성하려면 25년간 GDP의 약 2%(2006~2010년 GDP 0.1%, 2011년~2030년 GDP 2.1%)에 해당하는 재원이 소요된다고 추정하고 있다.

비전 2030이 성공적으로 실현되면 2030년 이후에는 1인당 소득은 지금보다 3배(1만 6000달러 → 4만 9000달러)로 불어나고, 삶의 질 순위는 31계단 뛰어올라(세계 41위 → 10위) 미국의 순위(14위)를 추월한다고 전망했다.

또 복지지출(GDP 대비 공공사회 지출)은 2020년 무렵이면 2001년 수준의 미국과 일본에 근접하고, 2030년에는 2001년 기준 OECD 평균수준에 이르러 노인의 3분의 2가 국가연금을 받고 육아비용의 70%를 국가가 대주는 등 장밋빛 일색으로 전망했다.

반면 '비전 2030' 이 추진되지 않으면 빈곤의 대물림, 노후 불안,

출산 기피, 일자리 감소 등 최악의 상황에 이른다고 경고했다. '비전 2030'에 담긴 계획대로 추진하면 경제성장률도 2011~2020년 연평균 4.3%, 2021~2030년 2.8%씩 증가하지만, 그렇지 않으면 경제성장률이 각각 3.9%와 2.6%로 하락하는 등 저성장·양극화가 심화될 것으로 전망했다.

'비전 2030' 발표 당시 많은 전문가들은 잠재성장률이 갈수록 떨어지는 상황에서 전망이 너무 낙관적이고 재원조달 계획도 구체성이 없어 정권이 바뀌면 실현가능성이 희박한 단순 희망사항을 열거한데 불과하다고 평가절하했다. 그럼에도 '비전 2030'은 한세대 앞을 내다보고 우리 사회가 당면한 저성장·고령화나 양극화 문제에 대해 고민하고 장기 국가전략을 수립했다는데 나름의 의미를 부여할 수 있다.

또 '비전 2030'에서 선제적 투자 과제로 제시한 ● 사회 서비스 일자리 확대 ● 차세대 성장동력 확대 ● 근로장려세제(EITC) 도입 ● 노인수발 보험제도 도입 ● 적극적 고용전략 추진을 비롯, 제도혁신 과제로 제시한 ● 서비스산업 경쟁력 강화 ● 정년 연장 및 임금피크제 확대 ● 국민연금 개혁 ● 주민생활지원서비스 전달체계 개편 ● FTA 체결 확대 등은 이명박 정부를 거쳐 현 정부에서도 추진하고 있는 과제들이다.

당시에도 가장 큰 고민거리는 재원을 어떻게 조달할 것인가 하는 문제였다. 노무현 정부도 증세에 따른 정치적 부담을 피하기 위해 2010년까지는 증세 없이 지출 구조조정과 비과세·감면 축소, 과세

투명성 제고를 통해 GDP의 0.1%를 조달하고 그 이후에는 어느 정도의 복지 수준을 얼마만큼의 국민 부담으로 추진할지 국민적 논의가 필요하다고 얼버무렸다.

'비전 2030'은 발표 후 일부 내용(근로장려세제 도입, FTA 체결 등)은 성과를 보았으나 대다수는 정권 후반기에 추진동력을 상실하면서 유야무야되고 말았다. 그 후 이명박 정부는 출범하자마자 글로벌 금융위기와 소고기 파동에 휩쓸려 위기관리에 급급하다 보니 저출산·고령화와 같은 미래를 내다보는 장기전략이나 복지문제에 종합적으로 대응하지 못했다.

따라서 박근혜 정부는 노무현 정부가 구상만 하고 제대로 실천하지 못한 국가 장기전략을 초당파적인 입장에서 점검하고 보완해서 실천할 필요가 있다고 본다.

Part

05

생각을 바꾸면
미래가 바뀐다

경제는 살아 움직이는 생물체여서 동적일 뿐 아니라 심리에 크게 좌우된다.

한국 경제에 대해 쏟아내는 많은 외국인들의 찬사와 달리 우리 내부에는 걱

정을 넘어 우울증이 만연되어 있다. '어제의 생각이 오늘의 당신을 만들고

오늘의 생각이 내일의 당신을 만든다' 고 한 브레즈 파스칼의 명언처럼 한국

경제는 우리 국민들이 어떻게 마음먹고 생각을 바꾸느냐에 따라 미래가 달

라질 수 있다.

현충원 산책로에서

**호국영령들의 추도문을 읽어 내려가다 보면 나도 모르게 가슴이 찡해진다.
우리에게 조국은 과연 무엇인가**

주말이면 서울 동작동 국립현충원 산책로를 즐겨 찾는다. 현충원 내 가장 높은 곳에 위치한 산책로는 좌우로 거리가 무려 8㎞에 이르는 쾌적한 숲속의 공기 맑은 오솔길이다. 서울에 오랫동안 살아 온 시민 가운데도 현충원 안에 이렇게 좋은 산책로가 있는지 아는 사람은 드물다. 대부분 사람들에게 현충원은 국가유공자들이 잠든 곳 또는 한국을 방문한 외국 외교사절이나 선거를 앞둔 정치인들이 꼭 거쳐 가는 필수 코스 정도로 알려져 있다.

산책로를 걷다 보면 계절마다 아름다운 꽃들이 피었다 지는 것을 볼 수 있다. 초여름에는 향기 그윽한 라일락과 우윳빛 꽃, 코끝을 자극하는 아카시아 나무들이 한창이다. 그늘을 드리우는 나무 아래 서면 은은한 꽃향기가 온몸에 쌓인 피로를 풀어주고 어느새 마음도 편안해진다.

　내가 현충원의 산책로를 자주 찾는 또 다른 이유는 산책길을 걸으며 자연스레 전직 대통령이나 군 장성, 무명용사와 경찰 등 국가유공자들의 묘역을 들를 수 있기 때문이다. 이들의 묘소를 참배하며 묘비에 새겨진 추도문들을 읽어 내려가다 보면 나도 모르게 가슴이 찡해지고 애틋함이 치밀어 오른다. 조국이 무엇인지를 다시 생각하게 된다.

　비문 가운데 모윤숙 시인이 쓴 고(故) 육영수 여사의 묘비 글은 수려하면서도 장엄하게 느껴진다. '당신의 장미는 아직 시들지 않았고 뽕을 따서 담으시던 광주리는 거기 있는데… 홀연 8월의 태양과 함께 먹구름에 숨어 버리신 날 우린 한목소리 되어 당신을 불렀습니다. 비옵니다. 꽃보라도 날리신 영이시여! 저 먼, 신의 강가에 흰 새로 날으시어 수호하소서, 이 조국 이 겨레를.' 비문을 읽으면 마치 고인 생전의 체취가 되살아나는 듯 느껴지고 온몸에 소름이 돋듯 슬픔이 밀려온다.

　바쁜 일상에 치이고 삶의 무게에 짓눌려 때로는 힘들고 가슴이 답답한 날, 산책로를 걸으며 찬찬히 비문을 읽다 보면 어느새 막혔던 가슴이 뚫리고 삶에 대한 숭고함과 나라에 대한 나름의 사명감이 살아난다. 한솔 이효상씨가 쓴 고 이인호 해병 소령의 추모 글은 쉽게 잊히지 않는 강렬한 인상으로 다가온다. '얼마나 조국을 사랑했기에 청춘도 정든 임도 모두 버리고 그대 몸은 부서져 가루가 되고 피는 흘러 이슬이 되었거니 그대 흘린 피! 이 땅 적시어 생명 되어 흐르리.'

남편이나 자식을 애타게 그리워하는 아내와 어머니들이 쓴 무명 용사들의 비문에도 절절한 안타까움과 슬픔이 묻어나온다. '잘 다녀 올 테니 아이들 잘 보살피고 몸조심하라시며 우리 세 식구 남겨둔 채 입대하시던 당신 모습, 조국을 위해 청춘을 불사른 장하신 당신 명복을 빕니다.' '너의 착하던 그 모습이 한 줌의 재로 돌아오다니.' 1983년 10월 북한의 미얀마 랑군 테러로 희생된 서석준 부총리 겸 경제기획원 장관, 김재익 경제수석비서관, 이범석 외무부 장관 등 순국 외교사절의 묘역에 들어서면 이역만리 먼 곳에서 국가 동량재를 잃은 안타까움과 분노가 솟구친다.

'살아서는 향기를 멀리멀리 풍기고 맑음을 날로날로 더해가던 그 대…. 그대는 총명했기에 그대가 아쉽고…' 라며 송복 연세대 명예교수가 쓴 김재익 경제수석 묘비 글은 가슴을 치게 한다. 김동길 연세대 명예교수가 고향 선배인 이범석 외무부 장관에게 바친 묘비 글에선 절로 눈시울이 뜨거워진다. '그 어느 날 통일의 큰 꿈 이뤄져 평양 가는 첫 기차 서울 떠나는 기적소리 울릴 때 임이여 무덤 헤치고 일어나소서.' 굳이 누가 일깨워주지 않아도 두 번 다시 이런 비극이 일어나지 않도록 해야 한다는 다짐을 한다. 그래야만 이 땅을 지키기 위해 말없이 산화(散華)해 간 수많은 호국 영령들에게 부끄럽지 않을 것이다.

이들의 묘비를 한자 한자 읽으면서 문득 천안함 장병들의 죽음이 떠올라 한동안 자리를 뜰 수 없었다. 그들도 생전에 누구보다 소중한 부모의 자식이었고, 사랑스러운 아내의 남편이었으며 귀여운 자식들의 아버지였다. 그러기에 이 땅에 살아남은 우리들은 그들의 죽음을 결코 잊어서는 안 된다. 6·25전쟁이 일어난 지 벌써 60여 년이 지났다. 지금 우리 국민의 70% 이상은 6·25를 겪지 않은 세대로 전쟁의 참상을 잘 모른다. 안보라는 것이 공기 속의 산소처럼 사라진 뒤에야 비로소 소중함을 느끼게 되는 것일까. 전쟁을 겪지 않은 우리 젊은 세대들이 "북한보다 미국을 더 위험하다고 생각한다."는 여론조사 결과를 보면 가슴이 답답해진다.   국립현충원 안에 안보박물관이 있으면 좋겠다. 오늘의 나를 있게 만든 나라, 그 나라를 지키기 위해 산화한 호국 영령들의 생생한 역사를 기록해 둬야 한다. 그들이 왜, 어떻게, 무엇을 위해 죽었는지를 후세가 널리 기억하도록 말이다.   하지만 그 어떤 것보다 현충원의 순국선열 묘비 글을 차근차근 읽어보는 것이야말로 살아 있는 생생한 교육이 아닐까.

아카시아 향기가 가슴을 아리게 하는 6월에는 아들·딸을 데리고 현충원 산책로를 한번 걸어보았으면 한다. (2010년 6월 4일. 천안함 사건 발발 이후 현충일 직전에 조선일보에 기고한 글)

로또복권 도입 뒷이야기

초기 시행착오의 신속한 극복과
부작용 최소화가 정책의 성패 갈라

우리나라에 온라인 방식의 로또복권이 도입된 지 벌써 11년이 흘렀다. 로또복권이 우리나라에 처음 발매된 것은 김대중 정부가 끝날 무렵인 2003년 1월경이었다.

나는 당시 국무조정실 재정금융심의관으로 근무하면서 로또복권 시행의 산파역을 담당했다. 원래 로또복권은 주택복권 업무를 담당하던 건설교통부(현 국토해양부)가 도입 방침을 최초로 결정했으며, 사업자 선정을 위한 입찰도 건설교통부 주도로 마무리됐다.

그런데 로또복권 판매 수익금 배분 문제를 둘러싸고 관련 기관들 사이에 의견이 엇갈렸다. 당시 종이복권(오프라인 복권)을 판매해 온 10여 개 정부 기관이 서로 이견 조정에 실패함에 따라 국무조정실에 조정을 요청했고, 이를 계기로 국무조정실로 로또복권 업무가 넘어오게 되었다.

관계 부처를 설득한 끝에 합의를 성사시켜 마침내 로또복권이 발매되게 되었다. 하지만 처음 몇 달 동안엔 국민들이 새로운 양식의 로또복권에 익숙하지 않아 1등 당첨자가 나타나지 않는 등 당첨금이 수차례나 이월되었다. 이로 인해 이월된 1등 당첨금액이 수백 억 원에 이를 만큼 커지자 로또에 대한 국민들의 관심도 폭발적으로 커지게 되었다.

로또복권이 이처럼 광풍을 몰고 올 줄은 나를 포함해 아무도 예상하지 못했다. 당연히 여러 가지 골치 아픈 문제가 뒤따랐다. 종교단체를 비롯한 각종 시민단체들은 로또복권이 우리 사회의 건전한 근로의욕을 떨어뜨리고 사행심을 조장한다며 로또복권 폐지를 요구하고 나섰다. '로또 광풍'이라는 단어가 언론의 머릿기사를 장식할 정도로 로또는 그해 인터넷 최다 검색어였고 국민들의 관심 또한 대단했다. 로또복권 판매량이 당초 예상했던 것보다 10배 이상 치솟음에 따라 수수료 책정의 적정성에 대한 논란이 불거졌다. 사업자 선정을 위한 입찰 당시 회계법인은 연간 4500억 원 정도가 판매될 것으로 예측했다. 이를 토대로 주사업자인 KLS에 대해 7년간 매출액의 9.5%를 수수료로 주기로 계약을 했다.

그러나 판매 첫해에 예측의 10배 수준인 약 4조 5000억 원이 판매되자 한해 4000억 원이 넘는 수수료가 사업자의 몫으로 돌아가게 됐다. 사업자는 투자금액의 5배를 첫해에 회수하는 대박을 터트린 셈이다. 이런 이유로 입찰 과정의 의혹과 계약 체결의 적정성에 대한 논란이 불거져 나중에 감사원 감사와 검찰수사까지 받게 되었다.

로또복권의 폭발적인 판매는 이해관계자들 사이에도 희비가 엇갈리게 했다. 로또복권 판매점은 희색이 만면한 반면 기존의 오프라인 복권판매상은 매출 급감으로 타격을 받았고, 인터넷 복권 사업자들도 피해를 입었다.

로또복권이 선진국에서 널리 판매되는 온라인 방식의 복권이고 수입 금액의 30%가 정부 기금으로 들어가 서민들의 복지 향상에 쓰인다는 명분을 내걸었지만 로또복권을 주로 사는 계층이 서민층이다 보니 연간 4조 5000억 원을 서민의 주머니에서 털어간다는 비판도 제기됐다. 로또복권 때문에 서민경제가 도리어 어려워진다는 주장이었다.

과도한 로또복권 열풍과 더불어 비판의 목소리가 높아지자 당시 고건 국무총리는 각별한 관심을 갖고 직접 전문가 회의를 주재하면서 우리에게 대응책 마련을 주문했다. 나는 열풍을 잠재우는 방편으로 당첨금 규모를 줄이기로 하고, 복권 판매단위를 장당 2000원(1시트당 1만원)에서 1000원(1시트당 5000원)으로 낮추었다.

과도한 이익을 누리고 있는 로또 사업자에게는 수수료 수입의 일정 비율을 사회를 위해 공헌할 것을 제안했으나 받아들여지지 않았다. 사적 계약으로 체결된 계약 내용을 단지 수입이 예측과 달리 많다는 이유로 반환토록 할 수 없다는 논리였다. 더구나 외국인도 투자에 참여하고 있어 수익금의 기부를 강제하기 어렵다는 이야기였다. 논리적으로나 법적으로나 틀린 말은 아니었다. 국민정서는 말할 것도 없고 이런 상황이 생기리라고 예측하지 못하고 7년간 단일 수수료율로 계약을 체결한 것이 잘못이라면 잘못이었다.

나는 수십 페이지에 이르는 계약서를 꼼꼼히 들여다보다가 정부의 법령 등이 바뀌면 계약을 갱신할 수 있는 유보조항이 있다는 사실을 알게 되었다. 이를 계기로 로또복권을 포함, 복권 업무 전반을 규율할 수 있는 복권법 제정에 착수했다. 당시에는 복권 업무를 포괄적으로 규율하는 법이 없었다. 이런 이유로 일각에서는 로또복권이 법적 근거가 없다는 주장이 제기되기도 했다.

사업자 단체의 강력한 저항에도 불구하고 우여곡절 끝에 법 제정을 관철시켜 로또복권 수수료 한도를 5%로 책정했다. 그리고 하위 법령을 통해 연간 4.5% 이상에 해당하는 수수료 수입은 사업자에게 주지 않고 복권기금에 귀속시켰다. 당시 로또복권 열풍 현상에 대해 비판적인 언론보도도 많았고 인터넷을 통한 근거 없는 루머도 적지 않았다.

나는 근거 없는 루머에 대해 조기 차단이 필요하다고 보고 퇴근 후에도 집에서 인터넷을 검색하다가 잘못된 댓글이 올라오면 맞대응하곤 했다. 가끔 혼자 힘으로는 벅차 당시 중·고교에 다니는 아이들이 도와준 적도 있었다. 하루는 인터넷에 어떤 퇴직자가 퇴직금 5000만 원으로 로또복권을 구입했다가 모두 날리는 바람에 지하철에 뛰어들었다는 루머가 올라왔다. 올라온 시간을 보니 로또당첨 방송 후(SBS 뉴스가 끝난 직후인 8시 35분경) 두 시간이 지난 오후 10시 30분경이었다. 로또복권 5000만원 어치라면 당첨 여부를 확인하는 데 최소 다섯 시간이 걸리는데 자살했다는 글이 두 시간 만에 올라온 것이다. 거짓 루머임이 밝혀진 것이다. 만일 제때 대응하지 않았다면 루머가 급속히 확산되어 파장도 엄청 컸을 것이다.

그 일이 있은 후 어느 날 늦게 귀가해 보니 아이들의 방에 불이 켜져 있었다. 문을 열자 아이들이 시키지도 않은 로또와의 댓글 전쟁을 하고 있었다. 아이들로서는 아빠가 걱정이 돼 그랬는지 몰라도 쓸쓸한 마음을 금할 수 없었다.

11년이 지난 지금 로또복권은 국민들의 생활 속에 어느 정도 정착된 것 같다. 초기와 같은 시행착오나 광풍도 없다. 새로운 제도가 도입되면 항상 긍정적인 면과 부정적인 면이 함께 부각된다. 또 새 제도 시행 초기에는 어느 정도의 시행착오는 불가피하다. 하지만 얼마나 신속하게 시행착오를 극복하고 부작용을 최소화하느냐에 정책의 성공 여부가 달려 있다는 사실을 경험을 통해 실감한 것이다.

기부는 부자들의 전유물 아니다

소액 기부 손쉽게 할 수 있도록
소득공제 혜택을 세액공제로 전환해야

우리 사회에서 흔히 기부라고 하면 빌 게이츠나 워런 버핏과 같은 세계적인 갑부의 기부행위를 우선 떠올린다. 아니면 연말연시, 추석이나 설 명절, 또는 태풍이나 수해 등 대규모 재난이 발생했을 때 이루어지는 1회성 기부를 연상한다.

실제로 기부에 대한 한국인의 인식조사 결과를 보면 선진국처럼 일상생활에서 꾸준히 이루어지는 행위라기보다는 특수한 시기와 환경에서 1회성으로 이루어지는 행위라는 인식이 많다. 기부의 주체 또한 대기업이나 금융회사, 부자들이 사회적 책임 이행이나 노블리스 오블리주 차원에서 이루어지는 행위로 인식되고 있다.

하지만 최근 들어 이러한 기부 인식과 문화가 많이 바뀌고 있다. 정보통신(IT) 시대를 맞아 웹사이트, 블로그, 페이스북, 트위터 등 소셜네트워크서비스(SNS)를 통한 일반인들의 소액 기부가 폭발적으로 증가하고 있다. 기부방식도 전통적인 모금함 접수나 계좌이체 방식에서 벗어나 디지털이 융합된 방식으로 진화하고 있다. 카드나 휴대폰 결제, 자동응답시스템(ARS)을 통한 기부나 네이버, 다음과 같은 포털 또는 크라우드 펀드를 통한 기부도 새로운 흐름으로 자리 잡고 있다.

금융권에서는 고객이 맡긴 돈을 운용해 발생하는 수익금 중 일부를 공익사업에 기부하는 공익형 펀드와 신탁상품이 속속 생겨나고 있고, 유산을 사회에 환원하는 절차를 돕는 프로그램도 개발되고 있다. 기부방식에 있어서도 현금 기부에서 부동산이나 재능 기부 등으로 다양화되고 있다.

금융감독원장으로 재직할 때 집 부근의 편의점을 찾을 때마다 소액 물품을 현금으로 구입한 후 거스름돈으로 동전을 받았는데 동전 관리가 여간 불편하지 않았다. 책상 서랍이나 탁자 위 등 아무 곳에서나 동전은 천덕꾸러기처럼 굴러다녔다. 그래서 소프트웨어 관련 사업을 하는 친구에게 1000원 미만 거스름돈을 기부하려는 곳에 바로 보낼 수 있는 시스템을 개발해 볼 것을 제안했다.

그리하여 개발된 것이 '끝전기부 소프트웨어'이다. KB국민은행과 롯데슈퍼, 사회복지공동모금회, 유니세프가 손잡고 '사랑의 동전 나눔서비스'를 시작했다. 만 18세 이상 개인이 국민은행이 운영하는 기부 사이트에 회원으로 가입한 후 전국의 롯데슈퍼 매장에서 거스름돈 기부의사를 밝히면 그 돈은 즉시 기부처에 전달되고, 1년치

모아진 끝전기부는 연말에 소득공제도 받을 수 있다.

당초 나는 끝전기부를 편의점에서 시작해서 모든 점포로 확산시키면 거추장스럽게 동전을 사용할 필요 없이 소액 기부를 활성화 시킬 수 있을 것이라고 생각했다. 또 그 과정에서 불필요한 동전 사용을 줄일 수 있어 한국은행의 동전 제조비용도 절약하는 일석이조의 효과를 거둘 수 있다고 판단했다. 끝전기부 운동은 아직 국민은행과 롯데슈퍼, 세븐일레븐에 그치고 있어 실적이라고 내세우기에는 미미한 실정이다. 다른 은행이나 편의점으로 확산시켰다면 훨씬 큰 효과를 거둘 수 있지 않았을까 하는 아쉬움이 남는다.

국민들이 일상생활에서도 끝전기부와 같은 소액 기부를 즐겁게 할 수 있도록 현행 소득공제 혜택을 세액공제로 전환하면 좋지 않을까 생각해 본다. 지금도 1인당 10만 원 이하의 정치자금 기부는 기부금액의 100%까지 세액공제를 해주고 있다. 소액기부도 10% 이상 세액공제를 해주는 방안을 검토할 필요가 있다고 본다.

한국은 역동성이 넘치고 정이 많은 사회다. 외환위기 당시 금 모으기운동에서 드러났듯이 어려움이 닥치면 전 국민이 한마음 한뜻으로 뭉친다. 우리 사회의 이러한 장점을 제대로 활용한다면 기부가 사회 통합을 저해하고 있는 양극화와 계층간 갈등을 해소하는 데 '제2의 예산'으로서 크게 기여할 수 있을 것이다.

레미제라블과 설국열차

**글로벌 금융위기 이후 세계가 직면하고 있는
양극화 심화 현상 잘 그려**

영화광은 아니지만 기분 전환을 위해 가끔 영화를 보러 가는 편이다. 지난 1년 동안 본 영화 중 유쾌하지 않지만 무엇인가 생각을 하게끔 한 영화는 '레미제라블'과 '설국열차'이다. 공교롭게도 두 영화는 모두 글로벌 금융위기 이후 전 세계가 직면하고 있는 양극화 심화라는 사회현상을 잘 보여줌으로써 관객의 공감을 자아냈던 것 같다. 국내에서도 흥행에 꽤나 성공을 거둔 것은 바로 이러한 이유 때문이 아니었나 생각해 본다.

레미제라블은 19세기 프랑스의 대문호 빅토르 위고의 소설 《레미제라블》을 2012년 톰 후퍼 감독이 영화로 만든 작품이다. 뮤지컬 형식을 빈 영화 레미제라블은 이미 순수 뮤지컬로도 수없이 무대에 올랐고 원작 소설 내용도 대부분 알고 있어 영화를 보기 전까지는 진부하지 않을까 걱정했다. 그러나 이런 우려를 비웃기라도 하듯 화면의 첫 장면부터 관객들을 휘어잡았다. 영화 후반부에는 프랑스혁명과 함께 어우러져 관객들에게 묘한 카타르시스마저 느끼게 했다.

항상 그렇듯이 영화에는 애틋한 사랑 이야기가 술자리의 맛깔 나는 안주처럼 나오는데 장발장의 양녀인 코제트와 프랑스혁명에 참여하는 마리우스의 사랑 이야기도 그런 맥락으로 비쳤다. 이 영화에서 나오는 자베르 경감역도 인상적이다. 원칙 있는 경찰 공무원이지만 시대적 상황이나 가치를 알지 못하는 융통성 없는 인간으로 묘사되었다.

레미제라블에서 장발장이 빵 한 조각을 훔쳐야 했던 19세기는 지금보다 빈부격차가 더 심했고 사회보장제도조차 도입되지 않은 시대다. 이로 인한 사회갈등의 심화가 프랑스혁명을 유발하는 계기가 되었듯이 글로벌 금융위기 이후 초래된 양극화 심화 현상에 제대로 대처하지 못하면 자본주의에 위기가 도래할 수 있음을 은연중에 시사하는 듯하다.

봉준호 감독이 만든 '설국열차'도 끝 칸 열차에 사는 하층민의 분노와 봉기를 통해 글로벌 금융위기 이후 반(反)월가시위에서 나타난 것처럼 1%에 대한 99%의 분노를 영화로 그려보려는 감독의 의도가 반영된 작품인 것 같다. 설국열차는 달리는 열차에서 질서를 유지하며 살 수밖에 없는 현실에서 계층 간 불공평에서 오는 충돌을 사실적으로 그렸다. 그래서 설국열차는 인간의 어두운 단면을 생생하게 묘사하고 있다고 해도 과언이 아니다.

밤낮없이 일해도 바퀴벌레로 만든 대용식량만 제공되는 희망이 없는 끝 칸 열차와 인간다운 생활을 넘어 사치와 타락으로까지 비쳐지는 앞 칸 열차가 묘한 대조를 이루면서 양극화가 심화된 지금의 인간사회 군상을 간접적으로 묘사하고 있다. 설국열차에서는 열차 밖의 세상이 사람이 살 수 있는 환경으로 바뀌었는데도 앞 칸 열차의 지배층이 기득권을 누리기 위해 계속 설국열차를 달리게 한다.

독재자에 아부하여 온갖 궤변으로 하층 민중을 탄압하는 메이슨 총리도 인류의 역사에 자주 등장하는 인간 유형의 한 모습처럼 느껴지게 한다. 기상이변으로 지구에 몰아닥친 빙하기라는 재난을 피하기 위해 설국열차를 개발한 천재 과학자 윌포드는 인류 구제라는 숭고한 취지에도 불구하고 영화에서는 끝 칸 민중 탄압을 지시하는 독재자로 그려지고 있다.

하지만 영화의 결말은 왠지 개운치 않다. 끝 칸의 반란이 성공해 보다 나은 삶을 찾게 된다거나 열차를 세워 열차 밖의 새로운 삶을 찾아나서는 희망적인 모습은 끝내 보여주지 않는다. 오히려 열차 파괴라는 무모하고 극단적인 선택으로 갈등의 매듭을 짓는다. 비록 두 명의 아이가 파괴된 열차에 살아남았다는 점을 암시하지만, 엄동설한에 북극곰의 먹이가 될 수도 있다는 현실적인 상상력을 떠올린다면 결코 유쾌한 결말은 아닌 것 같다.

따뜻한 금융, 상생하는 금융, 소비자를 위한 금융

금융 당국의 정책과 금융회사의 경영전략 모두 소비자보호 위주로 바뀌어야

지금은 다소 시들해졌지만 한때 지구촌을 달궜던 반(反)월가 시위는 금융을 바라보는 국민들의 시각을 변화시켰고 자본주의 시장경제 원리에 대한 심각한 의문을 갖게 만들었다. 급기야 국내외적으로 신자유주의에 대한 반성으로 이어져 '경제 민주화'와 '금융규제 강화'라는 새로운 패러다임을 만들고 있다. 원래 금융업은 속성상 돈을 떼이지 않아야 함을 원칙으로 한다. 그래서 금융은 태생적으로 차갑고 때론 비정하기까지 하다. 《베니스의 상인》의 피도 눈물도 없는 고리대금업자 샤일록이 어쩌면 금융의 맨얼굴인지 모른다.

금융업 종사자들은 금융에 감성이 개입되면 원칙이 무너지고 결국에는 금융 시스템이 붕괴될 수 있다고 주장한다. 마치 《레미제라블》에서 원칙만을 고집하는 자베르 경감처럼 말이다. 그러나 금융의 역사를 보면 탐욕이라는 인간의 본성이 오히려 원칙을 허물어 종종 금융위기를 발생시켰음을 알 수 있다.

금융의 또 다른 성격은 '소득 역진성'과 '경기 순응성'이다. 고소득자(대기업)에게는 낮은 금리로 돈을 빌려주려고 애쓰지만 급전이 필요한 저소득자(중소기업)에게는 높은 금리를 부과한다. 경기 상황이 좋으면 대출을 늘리다가 경기 상황이 나빠지면 대출을 축소한다. 이는 결국 양극화 심화 및 경기 위축의 악순환으로 이어진다.

글로벌 금융위기 이후 국내 은행들도 비슷했다. 취약 계층의 경우 금리가 낮은 은행 대출 비중은 4%포인트 낮아진 반면, 금리가 높은 제2금융권 및 사금융 의존도는 그만큼 높아졌다. 금융 당국은 이러한 금융의 '속성'으로 인해 항상 원칙과 현실 사이에서 고민한다.

2013년에도 금융산업을 둘러싼 대내외 여건은 어려워 보인다. 가계부채 같은 단기 악재뿐 아니라 저성장·저금리·고령화는 쉽게 해체하기도 힘든 뇌관이다. 결국 금융회사는 리스크 관리 강화나 경비 절감을 선택할 수밖에 없을 것이다. 그러나 이러한 생존 전략만으로는 글로벌 위기 이후 나타나고 있는 자본주의 패러다임 전환(자본주의 4.0, 제레미 리프킨의 '공감 자본주의' 등)에 제대로 부응할 수 없다. 따라서 국내 금융산업도 다음과 같은 세 가지 점에서 변화와 개혁을 모색해야 한다고 본다.

첫째, '차가운 금융'에서 '따뜻한 금융'으로의 변화다. 금융의 기본 원칙은 지키되, 금융업의 탐욕을 스스로 제어하고 이익의 일정

비율은 취약 계층에 지원하여 냉혹한 금융의 속성을 따뜻하게 만들어 가자는 얘기다.

둘째, 고객과 '상생' 한다는 자세로의 변화다. 이를 위해 경영 전략을 단기성과 위주에서 지속가능한 성장으로 전환해야 한다. 일반 기업은 물건을 산 고객이 부실해져도 문제가 없지만, 금융회사는 대출해 준 고객이 부실해지면 동반 부실의 가능성이 높다. 과거의 단기 외형 경쟁으로 무너진 카드사들이나 최근 부실화된 저축은행들이 이러한 경우에 해당된다. 또 '비 올 때 우산을 빼앗는' 대출 행태나 회생 가능한 기업이 금융 회사들의 여신회수 경쟁으로 도산하는 사례도 넓게 보면 이에 해당한다.

셋째, 공급자 중심에서 '소비자 중심' 으로의 변화다. 최근 들어 국내 금융회사들이 소비자보호 문제에 관심을 기울이고 있지만 그 동안 국내 금융산업은 공급자 중심으로 운영돼 온 것이 사실이다. 과거의 권위주의적 관행이 유지되면서 소비자 민원이 계속 증가한 것도 부인할 수 없는 사실이다. 글로벌 위기 이후 금융에 대한 소비자의 불신과 분노가 커지고 있어 이들의 감성과 욕구를 읽지 못하면 더 큰 어려움에 직면할 수 있다.

이러한 점에서 금융 당국의 정책이나 감독, 금융회사의 경영전략은 소비자보호 위주로 바뀌어야 한다. 그러나 보다 중요한 것은 똑똑하고 현명한 소비자를 늘려 가는 것이다. 금융감독원장으로 재직하면서 나는 저축은행 사태와 글로벌 금융위기를 계기로 청소년 금융교육봉사단, 금융사랑방버스 운영, 캠퍼스 금융토크, 맞춤형 금융

상담 행사 등을 통해 청소년, 대학생과 취약계층에 대한 금융교육 및 상담을 강화했다. 특히 금융소비자보호처 설립 이후 컨슈머 리포트 발간, 대출금리 비교공시 등을 통해 소비자들의 현명한 선택을 도왔다.

국내 금융산업이 '따뜻한 금융', '상생하는 금융', '소비자 중심의 금융'을 통해 취약 계층을 어루만지고 양극화 해소 및 동반성장을 지원함으로써 모두가 '공감하는 금융'으로 탈바꿈하기를 기대해 본다.

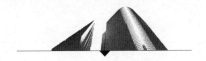

금융사랑방버스와 새희망 힐링펀드

취약계층 대부분이 생업에 바빠 언론에 보도되는
정부의 정책홍보 볼 시간도 없어

금융감독원장으로 부임할 당시 저축은행 사태로 민심은 극도로 흉흉했다. 방송에서는 돈을 찾기 위해 저축은행 창구 앞에 줄을 서서 기다리는 고객들을 비롯, 5000만 원 초과예금과 후순위채 투자로 손실을 본 피해 고객들의 애틋한 사연과 농성 모습을 하루도 빠지지 않고 보도하고 있었다.

피해 고객 중에는 5000만 원까지만 보장되는 예금자보호제도나 후순위채에 대해 제대로 설명을 듣지 못했거나 내용을 제대로 알지 못하는 노인 등 취약계층도 적지 않았다. 자식 등록금에 쓰기 위해 어렵게 한푼 두푼 모았던 돈을 날린 아주머니도 있었고 노후 생계비에 쓸 요량으로 한푼이라도 더 높은 이자를 받으려 후순위채를 구입했다가 손해를 본 노인들도 있었다.

금융감독원의 민원상담실에는 저축은행 피해 사례 외에도 보이스피싱이나 불법사금융, 대출사기 등으로 피해를 본 사람들의 사연이 줄을 이었다. 재래시장을 방문한 자리에서는 많은 상인들이 미소금융이나 햇살론과 같은 저리의 서민금융상품이 있음에도 그런 사실조차 몰라 고리의 일수를 쓰고 있다는 것을 알게 되었다.

이들은 대부분 생업에 바빠 TV나 신문으로 보도되는 정부의 정책홍보 내용을 볼 시간조차 없는 취약계층이었다. 이런 상황을 타개하려면 직접 현장을 찾아다니면서 적극 홍보하고 상담하는 것이 최선이라고 생각했다. 그렇게 해서 탄생한 것이 '금융사랑방버스'이다.

금융사랑방버스는 2012년 6월 출범 이후 전국 방방곡곡을 찾아다니면서 서민들이 필요로 하는 민원상담, 서민금융 지원, 금융교육, 불법사금융 피해 접수 등 종합금융서비스를 원 스톱으로 제공했다. 버스에는 금융감독원 직원과 서민금융기관의 전문 상담원들이 동승해 재래시장 상인, 시골 주민, 군 장병, 탈북 주민, 다문화가정 등을 상대로 1대 1의 맞춤형 금융상담 서비스를 제공했다. 충남 홍성교도소 방문에서는 출소를 2~3개월 앞둔 재소자들을 대상으로 상담을 실시했다. 군부대나 다문화가정 방문에서는 상담 후 큰 도움이 되었다며 고마움을 표시하기도 했다.

많은 분들이 금융사랑방버스를 통해 고통의 굴레에서 벗어났다. 저축은행 사태 피해자 중에는 생계가 막막한 사람들도 있었다. 언론을 통해 이런 사람들의 어려운 이야기가 보도될 때면 월급을 털어서라도 이들의 어려움을 덜어주고 싶었으나 주변에서는 감성적인 대응에 신중할 것을 충고했다. 저축은행 피해자들도 이런 방식의 동정에는 반대하면서 제도적인 보상을 요구했다.

국회도 저축은행 피해자들을 구제하기 위해 다각적인 대책을 모색하는 한편 정부에 대해 대책 마련을 강력히 요구했다. 하지만 법률적으로 구제해 줄 마땅한 방법이 없었다. 자칫하다가는 원칙을 허무는 과오를 범할 수도 있었다. 법과 원칙을 지키면서 이들을 구제할 방법이 필요했다.

나는 금융 당국과 금융권이 자발적인 성금이나 기부 방식으로 펀드를 조성하여 피해자 가운데 생계가 어려운 사람을 구제하는 방안을 찾아보도록 실무진에게 지시했다. 이렇게 해서 탄생한 것이 '새희망 힐링펀드'이다. 새희망 힐링펀드는 감독 당국과 금융회사의 법인카드 포인트 적립액 등을 기부 받아 펀드를 조성한 뒤 각종 금융 피해를 입은 사람 중 생계가 어려운 이들에게 저리로 장기 융자해 주는 제도다. 현재 신용회복위원회가 운영을 맡고 있다.

앞으로 새희망 힐링펀드가 좀 더 확대되어 명실공히 '소비자피해 구제기금'으로서 금융의 사회적 책임을 강화하는 계기가 되길 기대해 본다.

금융권 취업 8계명

인사 담당자들은 개성 없이 천편일률적인 자기소개서 제일 싫어해

캠퍼스 금융토크를 통해 대학생들과 대화하면서 거듭 느낀 점은 학생들의 가장 큰 관심사가 취업이라는 사실이다. 캠퍼스 토크가 나름대로 인기를 끌 수 있었던 것은 금융권 취업에 관심이 있는 대학생들이 많을 것으로 판단해서 캠퍼스 토크에 그 대학 출신 금융회사 CEO나 임직원, 인사 담당자를 참여시켜 학생들에게 금융권 취업에 관한 궁금한 사항을 질문토록 하고 컨설팅해 주는 시간을 마련했기 때문이라고 생각한다.

나도 학생들로부터 취업과 관련한 질문을 많이 받았기 때문에 나름대로 그동안 생각하거나 들은 취업 요령을 정리해 본다.

1. 평상시 신문의 경제면을 많이 읽어 경제, 금융의 내공을 키우자.

내 경험으로 볼 때 날마다 경제 신문을 한 시간 이상 꼼꼼히 읽다 보면 실생활과 취업에 접목시킬 수 있는 살아 있는 지식을 많이 쌓을 수 있다.

2. 취업하고자 하는 금융회사에 대한 사전 연구는 필수다.

회사별로 요구하거나 중요시하는 능력과 덕목이 다를 수 있기 때문에 당연히 요구하는 인재상도 다르다. 자기소개서뿐 아니라 면접에 대비해 그 회사에 대한 정보를 수집하고 분석하여 철저히 대비해야 한다.

3. 자기소개서에는 자기만의 창의성과 독창성을 담아야 한다.

스티브 잡스는 '견본품도 명품으로 만들라' 고 했다. 내가 들은 인사 담당자들의 한결같은 말은 개성 없는 천편일률적인 자기소개서를 제일 싫어한다고 했다. 자기만의 경험과 내용을 토대로 자기소개서를 명품으로 만들어야 한다.

4. 면접에서 진심 어린 열정으로 임하면 누구에게나 어필한다.

잭 웰치 회장은 사람을 뽑을 때 열정 있는 사람을 최우선 선택 항목으로 삼는다고 했다. 자신의 진정성을 담아 열정적으로 대응하면 면접관의 마음을 움직일 수 있다.

5. 금융권이 가장 중요하게 생각하는 덕목은 정직이다.

금융인은 고객의 돈을 맡아 운용하는 '선량한 관리자' 의 일을 하기 때문에 정직하지 않은 사람에게 자신의 돈을 맡길 사람은 없을 것이다.

6. 자신이 잘 할 수 있는 분야를 찾아 선택과 집중을 하는 것이 좋다.

인간의 능력에는 한계가 있기 때문에 상대방과의 차별화를 위해서는 자신이 잘할 수 있는 분야에 집중하는 것이 경쟁력을 높이는 지름길이다.

7. 스펙은 기본 관문을 넘기 위한 도구일 뿐이다.

스펙 쌓기에 돈과 시간을 과도하게 투자하는 것은 낭비다. 회사가 제시하는 일정 기준만 넘으면 회사는 그 이상의 스펙을 요구하지 않는다.

8. 금융권 업무가 적성에 맞는지 확인한 후 응시할 필요가 있다.

간혹 급여나 복지에 현혹돼 입사했다가 적성에 맞지 않아 퇴사하는 사람들도 종종 있다. 입사시험 응시 전에 금융회사에 인턴으로 근무하면서 적성에 맞는지 여부를 스스로 테스트할 필요가 있다.

빨간 손수건이 준 교훈

**보이스피싱 피해 금액의 40%를 건지게 된 주부가
희망을 담아 보내온 감사의 손수건**

금융감독원장으로 재직하던 2011년 편지 한 통을 받았다. 대학 행정실에 근무하는 주부로 남편이 보이스피싱에 속아 수천 만 원을 날렸고 이로 인해 남매를 둔 가정이 풍비박산이 날 위기에 처했다며 도움을 호소하는 내용이었다.

순간, 어떻게 이런 일을 당할 수 있나? 하는 의문이 들었다.

하지만 나중에 실무자로부터 보이스피싱 실태를 보고받고 보니 예상 외로 매년 수천 명이 보이스피싱으로 피해를 보고 있으며, 그 수법이 하도 교묘해 충분히 교육을 받지 않으면 감쪽같이 당할 수 있다는 사실을 알게 되었다.

편지에 적힌 피해 사례는 본인이 신청하지 않은 카드론이 본인의 계좌에 입금되었고, 사기범이 경찰을 사칭해 '돈이 잘못 입금되었으니 계좌로 보내라' 라고 전화하자 피해자는 아무런 의심 없이 그 계좌로 송금했다가 사기를 당한 경우다. 사기범이 피해자의 금융정보를 알아내 피해자 몰래 카드론을 받아 놓고 돈이 피해자 계좌에 잘못 입금된 양 사기를 친 것이다. 카드사는 보이스피싱에 속아 피해자가 사기범에 직접 돈을 보냈기 때문에 배상할 아무런 책임과 근거가 없다고 주장했다.

나는 카드사의 허술한 고객정보 관리 탓에 많은 고객정보가 유출되어 범죄에 악용되고 있는 점을 감안할 때 카드사도 도의적 책임이 일정 부분 있다고 판단했다. 당시 일부 대형 카드사는 고객정보 유출로 경찰조사와 감독 당국의 검사를 받기도 했다.

만일 카드사가 고객이 인터넷으로 카드론을 신청할 때 최소한 고객 통장에 돈이 입금되었다는 사실을 고객의 휴대전화에 메시지를 보내거나 전화로 알려 주었더라면 고객은 자신이 신청하지도 않은 카드론이 입금되었다는 사실을 알게 돼 피해를 당하지 않았을 것이다. 카드사들이 고객에게 보다 세심한 서비스를 했더라면 이런 일을 예방할 수 있지 않았을까 하는 아쉬움이 남는 사례였다.

이런 이유로 나는 실무자에게 법적 책임 문제는 소송에서 가려지겠지만 일단 카드사가 일정 부분 책임이 있으므로 손해를 분담하는 것이 바람직하다는 의견을 제시했다. 결국 해당 카드사는 손실의 40%를 분담하겠다고 알려왔다. 그 후 다른 카드사들도 유사한 사례가 생기면 손실 분담에 동참하게 되었다.

이 사건을 계기로 카드론을 이용한 보이스피싱 피해를 방지하기 위해 카드론 대출실행 사실을 반드시 신청자에게 문자 메시지나 전화로 알려주도록 의무화하였다. 이 조치로 카드론 이용 보이스피싱 사기는 줄어들었으나 다른 형태의 보이스피싱이나 파밍 등 신종 금융사기는 줄어들지 않고 있다.

손실의 40%를 건지게 된 그 주부는 얼마 후 소포 하나를 보내왔다. 소포에는 가족들이 다시 희망을 갖게 되었다는 감사편지와 함께 빨간 손수건과 예쁘게 말린 나뭇잎이 담겨 있었다. 피해 당사자로서는 60% 손실이 억울하고 속이 쓰릴 터인데 40%를 건진 것만으로도 감사의 마음과 희망을 갖는 것을 보고 정부와 감독기관이 정신을 바짝 차려야겠다는 다짐을 하게 되었다.

한 통의 편지와 소포가 계기가 되어 나는 4대 금융범죄(보이스피싱, 대출사기, 보험사기, 테마주 선동)와의 전쟁을 벌이기로 하고 대대적인 캠페인에 돌입했다. 더 이상 몰라서 당하는 선량한 국민들이 있어서는 안 된다고 판단했기 때문이다.

빨간 손수건은 금융감독원장으로 재직하는 동안 나 자신에게 경각심을 일깨워주는 소중한 존재였다.

GDP에서 국민행복중심으로 바꿔라

**GDP는 평균적인 소득 증가치를 보여줄 뿐
그 소득이 어떻게 분배되는지는 반영하지 못해**

래 전에 인상 깊게 본 청소년 영화 가운데 '행복은 성적순이 아니잖아요' 라는 게 있다. 입시지옥에 시달리는 청소년들의 고뇌와 아픔을 그린 영화다. 전교에서 1등을 하던 S사대부중 3년생 O양의 자살 이후 유서가 언론에 공개됨으로써 입시과열로 치닫던 우리 사회에 엄청난 파장과 경종을 울린 사건을 영화로 만든 것이다.

경제 규모나 소득 수준이 반드시 국민행복과 일치하지 않는다는 경제학자들의 주장이 꾸준히 제기되면서 그동안 GDP 규모를 경제사회 발전의 척도로 삼아 운용해 온 성장 지향적인 정책에 대해 회의적인 시각이 대두되고 있다.

GDP는 1934년 쿠츠네츠(Simon Smith Kuznets)에 의해 처음 만들어졌다. 대공황과 제2차 세계대전을 거쳐 세계 경제가 전후 경제를 복구하고 경기를 부양하는 데 성장이 최고의 덕목인 시대에 한 국가의 경제 성장을 측정하는 지표로 활용되었고, 나중에는 사회 발전의 척도로도 인용되고 있다.

그러나 GDP는 화폐단위로 생산량을 측정하는 계정이기 때문에 사회적 불평등 문제, 다시 말하면 시장가치로는 측정하기 어려운 인간의 삶과 행복에 영향을 미치는 안전, 여가, 환경 등의 문제에는 적용할 수 없는 한계가 있다.

GDP의 한계를 가장 설득력 있게 제시한 경제학자로 꼽히는 리처드 이스털린(Richard Easterlin)은 "동일 국가에서는 고소득층이 저소득층보다 더 행복하다고 느끼지만, 어느 정도 기본 욕구가 충족된 국가들을 대상으로 하는 국제 비교에서는 개인의 행복 수준은 1인당 국민소득 수준에 비례하지 않는다. 예를 들면, 미국의 1인당 국민소득은 1946년부터 70년 가까이 지속적으로 증가했지만 행복수준은 1960~1970년 기간에 오히려 감소했다."고 지적했다.

GDP가 안고 있는 문제점을 가장 극명하게 보여준 사례는 2008년 글로벌 금융위기이다. 위기 이전인 2005~2007년 미국의 GDP로만 본다면 금융회사들의 호황으로 경제가 잘 돌아가고 있는 듯이 보였다. 하지만 위기 이후 다시 계산해 본 결과 금융권에서 발생한 총이윤은 사실상 제로, 즉 허구에 지나지 않았다. 부동산 시장도 거품으로 인해 GDP를 왜곡시켰다.

이처럼 GDP는 현실과는 동떨어진 환상을 품게 하고 지속가능 여부를 판단할 수 있는 정보를 제공하는 데 한계가 있다. 글로벌 금융위기 이후 심화된 양극화 문제도 GDP의 한계를 극명하게 보여주고 있다. GDP는 평균적인 소득이 얼마만큼 증가했는가를 보여주지만 그 소득이 어떻게 분배되고 빈부격차가 얼마나 일어나고 있는지는 반영하지 못한다.

미국은 지난 수십 년간 GDP는 지속적으로 늘었지만, 가구 소득의 중위 값은 줄어들었고 평균소득과 중위소득 간 비율로 측정되는 소득격차도 계속 벌어졌다. 우리나라도 상위 20%의 소득점유율은 지속적으로 증가하는 반면 하위 20%의 소득점유율은 줄곧 감소하고 있다.

상위 20% 소득 증가 총액이 하위 20%의 소득 손실액보다 많아서 GDP는 증가할 수 있지만 하위 20%가 느끼는 고통이 상위 20%가 느끼는 행복보다 두 배나 크다는 점을 감안한다면 단순히 성장률만으로 국민행복을 판단하기 어려운 측면이 있다.

GDP의 한계를 극복하고 사회 발전을 보다 현실성 있게 반영하는 새로운 지표 개발을 국가적 차원에서 추진한 나라가 프랑스이다. 2008년 2월 니콜라 사르코지 대통령은 스티글리츠위원회를 구성하여 삶의 질을 주관적이면서도 동시에 객관적으로 측정할 수 있는 지표를 개발했다.

이 지표는 보건, 교육, 개인 활동, 정치 및 지배구조, 사회적 관계, 환경 조건, 개인적 안전, 경제적 안전 등 8가지로 구성되어 있다. 다만 구체적인 해결책을 제시하기보다 문제점을 지적하는 수준에 그쳤다는 점이 아쉬움으로 남는다. 그럼에도 스티글리츠위원회의 보고서는 전 세계에 많은 반향을 불러일으켰다. 일부 국가에서는 이와 비슷한 작업이 진행 중에 있고, OECD도 이 문제를 글로벌 프로젝트의 일환으로 다루고 있다.

양적 성장지표인 GDP보다 삶의 질, 행복에 대한 관심이 높아지면서 다양한 지표가 여러 기관에서 발표되고 있다. 2013년 7월 유엔개발계획(UNDP)은 전 세계 156개국을 대상으로 국민행복도 조사를 실시한 결과, 한국은 10점 만점에 6.27점으로 세계 평균(5.158)보다는 다소 높지만 1인당 GDP 순위인 34위보다 낮은 41위에 머물렀다.

상위 1~5위는 덴마크, 노르웨이, 스위스, 네덜란드, 스웨덴 등 복지가 발달된 북유럽 국가들이 차지했고, 하위는 대부분 아프리카 국가들이었다. 세계 유일의 초강대국인 미국은 캐나다나 호주보다 낮은 17위였다. 동아시아 유교문화권 국가 중에는 한국이 대만(42위)과 일본(43위)의 바로 위에 랭크됐다.

경제력과 전혀 상반된 결과가 발표된 경우도 있다. 영국 신경제재단(NEF)이 삶의 만족도, 평균수명, 생존에 필요한 면적, 에너지 소비량 등의 지표를 기준으로 178개국의 국민행복지수를 조사한 결과, 코스타리카(1인당 GDP 순위 84위), 도미니카(72위), 자메이카(109위) 순으로 행복지수가 높았고, 국민소득이 높은 미국은 114위, 한국은 68위에 불과했다.

신경제재단의 국가별 행복지수 결과만 보면 경제력과 행복은 꼭 일치하지 않는다는 사실을 확인할 수 있다. OECD도 회원 34개국을 대상으로 국가별 행복지수를 조사했는데 호주, 노르웨이, 미국, 스웨덴, 덴마크, 캐나다, 스위스 등의 순이었다. 일본(21위)과 한국(24위)은 평균보다 낮았다. 한국은 학력 수준이나 학업 성취도에서는 비교적 높은 점수를 받았으나 고용률과 노동시간 부문에서 상대적으로 낮은 점수를 받았다.

인간이란 기본 욕구가 어느 정도 충족되면 배부름보다는 삶의 질이나 행복에 관심을 갖게 된다. 나도 결혼 초기에는 내 집 마련이나 자가용 등에 대한 욕구 달성이 가장 큰 행복이라 여겼으나 그 후에는 건강, 여가, 문화예술 등 삶의 질로 관심이 이동했던 것 같다.

일반적으로 1인당 국민소득이 1만 달러에서 1만 5000달러 사이에 이를 때 국가정책 기조는 경제중심에서 삶의 질을 고려하는 방향으로 전환되어야 한다고 한다. 이런 맥락에서 볼 때 1인당 국민소득이 2만 달러를 넘어서고 있는 우리나라는 새로운 사회발전지표를 작성할 때 스티글리츠위원회의 보고서를 중요한 참고자료로 고려할 필요가 있을 것 같다.

박근혜 정부는 국민행복시대 개막을 국정의 핵심 과제로 내세웠다. 이를 위해 고용률 70% 달성과 중산층 70% 복원, 일자리 나누기, 상생의 기업 생태계 조성 등 다양한 프로젝트를 추진하고 있다. 그러나 제한된 국가 재원의 범위에서 국민행복의 극대화를 효율적으로 달성하려면 우리의 실정에 맞는 국민행복지표를 개발하고 이를 토대로 정책 우선순위의 조정과 사후관리를 해나가는 것이 필요하다고 본다.

인구 70만 명도 채 되지 않는 아시아의 최빈국 부탄은 국민의 행복도를 기준으로 나라의 발전을 측정하겠다며 2008년에 국민총행복 (Gross National Happiness, GNH)을 국가발전지표로 채택하여 국가를 운영함으로써 각종 기관의 국민행복조사에서는 항상 상위권에 들고 있다.

저성장·고령화와 양극화 심화로 사회갈등과 불만이 어느 때보다 높아지고 있는 지금, 우리도 성장 중심에서 국민행복 중심으로 정책 목표와 전략을 전환해야 한다.

새로운 자본주의를 위하여

한계에 달한 승자독식 자본주의의 위기
패자를 위한 희망의 사다리를 놓아주자

지난 2012년 스위스에서 개최된 다보스포럼에서는 낡은 자본주의를 버리고 새로운 자본주의 모델을 찾기 위한 논의가 무성했다. 클라우스 슈바프 세계경제포럼(WEF) 회장은 기조연설에서 "자본주의 시스템과 그를 기반으로 한 경제학은 위기에 직면했다. 우리는 새로운 모델을 제시해 줄 수 있는 사람을 원한다."고 말했다.

2008년 미국에서 촉발된 글로벌 금융위기와 유럽발 재정위기는 진원지가 자본주의 중심국가여서 세계 경제를 수렁에 빠뜨렸으며, 양극화 심화와 실업률 증가, 재정건전성 악화를 초래하는 등 자본주의의 위기를 불러왔다.

《자본주의 4.0》의 저자 아나톨 칼레츠키에 따르면 자본주의의 역사는 경제가 위기에 직면할 때마다 변신을 거듭해 온 진화의 역사라고 볼 수 있다. 1929년 대공황 이전의 세계 자본주의는 시장이 주도하는 자유방임형(자본주의 1.0)이었으나 대공황을 겪으면서 정부가 시장에 적극 개입하는 수정자본주의(자본주의 2.0)로 이행했다.

영국의 경제학자 케인즈가 이론적 토대를 제공한 수정자본주의는 정부가 재정·통화정책 수단을 이용해서 경기가 과열되면 긴축정책을, 경기가 침체되면 확장정책을 쓰면서 적극적으로 시장에 개입할 것을 주장했다. 적극적인 시장 개입을 통해 시장실패를 보완함으로써 경제가 정상적인 궤도로 진입할 수 있다는 논리다.

그러나 1970년대 두 차례에 걸친 오일쇼크로 스태그플레이션(장기 불황 속 물가상승)이 전 세계를 덮치면서 수요 조절 중심의 정부 주도 수정자본주의는 한계에 부딪히게 되었다.

이후 규제 완화를 통한 경쟁 촉진을 강조하는 신자유주의(자본주의 3.0)가 힘을 받기 시작했다. 신자유주의는 1980~90년대 금융 규제 완화와 맞물려 사상 유례없는 경제적 풍요를 가져왔지만 양극화 심화, 금융자본의 탐욕과 도덕적 불감증으로 인한 버블 확산 등 많은 문제점도 낳았다.

결국 2008년 글로벌 금융위기를 맞으면서 규제 완화와 감세를 바탕으로 시장만능주의를 지향하던 신자유주의는 종말을 고하고 새로운 자본주의를 모색하는 움직임이 전 세계적으로 일어나고 있다.

니콜라 사르코지 프랑스 대통령은 2008년 노벨경제학상 수상자인 조지프 스티글리츠 교수와 아마르티아 센 교수 등 세계적인 석학을 초빙하여 '경제성과와 사회진보의 계측을 위한 위원회'를 만들어 국가역량을 집중해야 할 주요 지표로 GDP가 아닌 국민행복지수(GNH)를 제시했다.

미국과 영국 정부도 금융권의 탐욕을 규제하고 소비자를 보호하기 위한 금융개혁을 강력히 추진하고 있으며, 중국, 러시아와 같이 인구가 급증하는 국가에서는 국가자본주의가 다시 강화될 조짐을 보이고 있다.

반(反)월가 시위에서도 드러났듯이 신자유주의 붕괴를 가져온 이면에는 금융자본 및 금융업계 종사자들의 탐욕과 도덕적 해이, 그리고 정부의 무분별한 규제완화가 자리 잡고 있다.

이런 이유로 세계 각국 정부는 금융규제 완화를 재검토하는 동시에 금융회사에 대한 윤리규범 강화를 추진하고 있다. 자본주의 시장경제를 최초로 설파한 아담 스미스는 저서 《국부론》에서 "자본주의는 도덕적 감성과 윤리적 배경이 바탕이며 건강한 도시가 없으면 건강한 자본주의가 싹틀 수 없다."고 주장했다. 독일의 사회학자 막스 베버도 절약, 근면, 배려, 윤리가 없는 자본주의는 '천민자본주의'로 전락할 수 있다고 경고했다.

따라서 새로운 자본주의는 빈부격차 심화와 승자독식이 아닌 상생과 나눔을, 경제력 남용과 불공정거래가 판치는 정글이 아닌 공정한 시장을, 탐욕과 도덕적 해이가 만연된 타락 경영이 아닌 사람을 중시하고 윤리에 입각한 경영에 바탕을 두어야 한다.

아나톨 칼레츠키는 "대공황 이후 등장했던 자본주의 2.0 시대에는 정부가 시장에 적극 개입해야 한다고 가정했고 자본주의 3.0 시대에는 시장이 항상 옳고 정부는 그르다고 가정했지만, 자본주의 4.0 시대는 정부와 시장이 효율적 상호작용을 하는 게 중요하다."고 지적하면서 이를 '적응성 혼합경제'라고 설명했다.

다시 말하면 자본주의 4.0 시대는 개인의 이기심에 기반을 둔 자본주의가 사회적 공익과 어떻게 접점을 찾을 것인가, 시장의 '보이지 않는 손'과 정부의 '보이는 손'이 어디서 접점을 찾을 것인가에 대해 해답을 모색해야 한다는 것이다. 자본주의 2.0 시대처럼 정부가 시장에 직접 개입해 양극화를 해소하는 방식과는 기본 전제가 다르다고 볼 수 있다.

저명한 경영학자인 슘페터는 자본주의 발전의 원동력은 '기업가 정신'이라고 역설했다. 지금의 자본주의 위기를 구할 수 있는 주체도 기업가이다. 따라서 창의와 혁신이 가능한 기업풍토 조성, 경쟁과 배려가 공존하는 공생의 기업생태계 조성이 무엇보다 필요하다.

제레미 리프킨은 저서 《공감의 시대》에서 공감을 바탕으로 한 제3차 산업혁명을 예고한 바 있다. 리프킨은 새로운 경제체제는 이기적 경쟁보다 이타적 협업을 추구할 것이며, 적자생존과 부의 집중 대신 분산 네트워크를 기반으로 '윈-윈'을 추구할 것으로 내다봤다.

리프킨이 그린 '공감 자본주의'처럼 사회 구성원의 합의와 공감을 전제로 지속적인 성장을 추구하고, 낙오자도 인정하는 경쟁, 실패자도 수긍할 수 있는 기회를 보장해 주는 자본주의야말로 자본주의의 대안이 될 수 있다고 본다.

100세 시대를 대비하자

노인 일자리창출과 다양한 금융혜택 개발돼야

한 연구기관의 조사에 의하면 우리나라 베이비부머 세대 (1955~63년생, 712만 명 추정)의 평균 희망수명은 85.9세로 통계청이 발표한 65세 이상 고령자의 기대여명 84.7세보다 1.2년이 길고 세계보건기구(WTO)가 2013년 5월 발표한 한국인의 평균 기대수명 81세보다 5년 가량 길다.

1970년대 우리나라 평균 기대수명 61.9세와 비교하면 무려 20년 이상 수명이 연장된 것이다. 국내 직장인들의 평균 은퇴연령이 54~55세인 점을 감안하면 은퇴 후 30여 년을 보내야 하기 때문에 노후대비 문제가 우리 국민들에게 미래의 가장 큰 걱정거리로 대두되고 있다.

국민연금의 지급시기가 1952년 출생자까지는 60세(1953년 이후 출생자는 나이별로 차등)부터 도래하므로 최소 5~10년 간 연금 없이 생활해야 하는 상황을 맞게 된다. 특히 이 시기는 자녀의 대학 교육과 결혼, 부모 부양 등으로 지출이 가장 많이 이루어지는 시기여서 '신(新)보리고개'라는 용어도 등장하고 있다.

우리나라 중장년층의 노후준비 상황을 보면 일본 등 선진국에 비해 매우 미흡하다. 보험연구원이 2013년 전국 20세 이상 성인 남녀 1200명을 대상으로 조사한 결과, 노후 준비가 제대로 되어 있지 않은 가구는 46%나 되었다. 통계청의 가계금융복지조사(2012년 12월)에서도 비은퇴 가구의 54%가 노후준비가 안 돼 있다고 응답했다. KB금융연구소의 조사(2012년 10월)에서는 은퇴 가구의 월평균 노후 필요자금 예상액은 235만 원인데 준비된 자금은 46.3%인 109만 원에 불과한 것으로 나타났다.

반면 일본은 공적연금과 저축으로 고령자의 71%가 노후 준비가 잘되어 있다고 한다. 특히 우리나라는 고령자 개인자산의 85% 이상이 부동산인 반면, 일본은 금융자산이 30%를 상회하고 있다.

노후준비 방법에 있어서는 부동산과 근로소득, 공적연금, 개인연금 등이 있으나, 우리나라는 일본에 비해 공적연금 의존도나 개인연금 가입률이 낮고 고령자 가구의 소득도 낮아 노후 대비에 어려움이 많다.

예를 들면 2011년도 우리나라의 평균 가구소득은 4233만 원이나 60세 이상 고령자 가구는 2340만 원으로 절반 수준이다. 60세 이상 고령 가구는 공적연금(국민연금, 기초노령연금 등)이 가구소득에 차지하는 비율이 19.2%(일본은 67.5%)에 불과할 정도로 노후에 대비한 사회안전망이 제대로 작동하지 않고 있다.

취약한 공적연금을 보완해 줄 개인연금 가입비율은 20% 수준이다. 연금 수령자의 67%는 월평균 연금 수령액이 25만 원 미만이어서 생계 방편으로 고령자의 취업이 매년 증가하고 있고 자녀의 지원에 의존하는 고령자도 선진국에 비해 월등히 많은 편이다.

60세 이상 가구의 39%가 최저 소득구간에 있고, 65세 이상 노인가구 빈곤율은 45%에 달해 우리나라 전체 가구 빈곤율 15%에 비해 3배 정도 높다. 노인 빈곤이 고령화 시대를 맞아 국가적 차원의 문제로 대두되고 있는 것이다.

그러다 보니 우리나라 노인의 자살률은 OECD 회원국 중 가장 높은 10만 명당 80명에 달한다. 자살률이 높은 이유는 대부분 노후 준비가 부족해서 생활고를 비관한 데 기인한다고 한다. 노인문제의 심각성을 감안하여 박근혜 대통령은 2012년 대선 공약에서 65세 이상 모든 노인들에게 월 20만 원의 기초연금을 지급하겠다고 약속했다. 하지만 재정 여건으로 인해 소득 하위 70% 노인부터 단계적으로 지급하는 방향으로 수정했다.

정치적인 논란과는 별도로 국가 재정 여건을 감안할 때 합리적인 결정이라고 생각한다. 노후대비가 충분한 고소득층 노인까지 기초연금을 지급하는 것은 어려운 재정 여건과, 지원이 더 시급한 부문과의 우선순위를 비교할 때 지금은 예산 낭비라고 볼 수 있다.

현재 우리나라 65세 이상 노인인구 비중은 12.2%이나 2026년이면 20% 이상이 되고 2050년에는 국민 10명 중 4명이 노인일 것으로 추정된다. 바야흐로 100세 시대가 눈앞에 다가오고 있는 것이다.

하지만 노인 빈곤률이 OECD 평균(13.5%)의 3배가 넘고 노인 진입을 앞둔 중장년층의 노후 준비도 부실할 뿐 아니라 국가의 노후 보장도 충분하지 않아 자칫 100세 시대는 '노인 빈곤 시대'라는 국가적인 재앙으로 귀결될 수 있다.

따라서 지금부터라도 100세 시대 도래에 대비한 노인 빈곤 문제를 근본적으로 해결할 방안을 사회적 합의를 통해 도출해 나가야 한다. 가장 기본적인 노후 대비 방안은 역시 노인 일자리 창출이다. 민간연구소 조사에 따르면 55세 이상 장·노년층의 80% 이상이 취업을 희망하고 있다. 이들이 자신의 경험과 노하우를 살려 일할 수 있도록 수요와 공급을 연결해 주는 네트워크 구축이 시급하다. 전국적인 조직망을 구축할 수 있도록 재정 지원을 할 필요가 있다.

고령층의 자산 85%가 부동산인 점을 감안하여 부동산의 유동화가 용이하도록 부동산 거래 활성화와 함께 다양한 역모기지 상품이 개발되도록 제도적인 뒷받침을 해야 한다. 아울러 100세 시대에 대비한 각종 연금상품과 보험상품을 금융회사가 개발토록 유도하고, 일정 소득 이하 계층이 노후 대비를 위해 장기간 가입할 경우 세제 혜택 지원도 필요하다.

노인들을 위한 사회보장제도 역시 선진국에 비해 매우 취약하다. 중산·서민층에 대해서는 재정 여건이 닿는 대로 정부 지원을 단계적으로 높여 나가는 것도 필요하다고 본다.

저성장 시대에 살아남는 법

**저성장 시대에는 돈을 잃지 않는 게 버는 것.
기대수익률 낮추고 절세 투자에도 관심을**

많은 국민들은 의식하지 못하지만 우리 경제는 이미 저성장 시대의 문턱을 넘어서고 있다고 봐야 한다. 통계를 보더라도 우리 경제는 2011년 2분기 이후 8개 분기 연속으로 전기 대비 0%대 성장에 머물렀다.

2013년 2분기에는 새 정부의 재정 지출 확대 등 경기 활성화 노력에 힘입어 1%대의 성장률을 보였지만 대부분의 전문가들은 구조적으로 저성장 국면이 지속될 것으로 전망하고 있다. 전국경제인연합회가 최근 민간 경제전문가 42명을 대상으로 조사한 결과, 10명 중 9명이 한국 경제의 저성장이 심각하다고 응답했다. 일본식 장기불황에 빠져들 가능성이 높다고 보는 전문가도 74%나 됐다.

저성장은 우리 경제 전반에 광범위한 영향을 미치고 국민의 일상생활에도 많은 변화를 초래하기 때문에 사전에 알고 대비할 필요가 있다. 특히 저성장·저금리가 가장 큰 영향을 미치는 분야는 금융산업이다.

금융감독원장 시절인 2012년 10월 '저성장·저금리 태스크포스'(TF)를 금융감독원에 구성하여 저성장·저금리가 우리 금융산업에 미치는 영향과 대응 방안을 마련하여 12월 초 열린 금융감독 자문위원회에 보고한 적이 있다. 보고 내용에 따르면 경제성장률이 1%에 머물고 금리가 지금보다 1%포인트 더 떨어진다고 가정하면 5년 후인 2017년 국내 18개 은행의 당기순이익은 2012년 당기순이익 9조원의 16% 수준인 1조 4000억 원으로 급감한다. 이러한 상황이 10년간 지속되면 2022년 5조 2000억 원의 손실을 기록할 것으로 전망됐다.

물론 성장률이 1%에 머물고 기준금리가 지금보다 낮은 연 1.75%에 부동산 가격도 매년 1%씩 하락한다는 가정 아래 나타난 결과지만 일본식 장기 침체를 염두에 둔다면 전혀 불가능한 시나리오는 아니다. 나는 충격적인 스트레스 테스트(stress test) 결과를 공개함으로써 금융회사들이 경각심을 갖고 다가올 저성장·저금리 시대의 도래에 미리 대비토록 하는 것이 좋겠다고 판단했다.

일본은 부동산 버블 붕괴와 저성장 시대에 대한 선제적 대비가 미흡했던 탓에 많은 금융회사들이 도산 위기에 몰리자 뒤늦게 금융당국이 구조조정에 착수하여 피해가 컸던 점을 감안한 것이다.

저성장·저금리 시대는 금융회사뿐 아니라 가계와 기업의 경제활동에도 많은 영향을 미친다.

경제성장률 하락으로 투자 기대수익률이 크게 떨어졌음에도 사람들은 아직도 과거 고도 성장시대의 관행과 미몽에서 벗어나지 못하고 고수익, 대박의 단꿈에 빠져 차입을 통한 투자 확대를 생각하고 있는 것 같다.

세계적인 경제 예측가인 해리 덴트는 그의 저서《2013~14년 세계 경제미래》에서 향후 10년 이상 세계 경제의 불황을 예고하면서 디플레이션 시대에 살아남는 법을 친절하게 제시하고 있다.

그가 제시하는 불황시대 생존법을 소개하자면 다음과 같다.

첫째, 지난 40년 이상 빚내서 투자하는 것이 유리한 시대에 살았으나 앞으로는 빚은 적게 지고 기존의 빚은 체계적으로 상환하는 것이 유리하다.

둘째, 현금 흐름 유입을 중시하고 현금성 자산 비중을 높여라.

셋째, 고정소득이 나오는 임대 부동산으로 눈을 돌려라.

넷째, 경제 위기가 고조되면 개발도상국의 채권을 매입하라.

다섯째, 위험이 큰 주식은 가능하면 피하고 안전 자산 위주로 포트폴리오를 구성하라.

여섯째, 단지 싸다는 이유로 구입하지 마라. 기다리면 더 낮은 가격으로 매입할 수 있다.

일곱째, 전문가의 도움을 받아 세금과 각종 부담금을 절약하라.

여덟째, 지금의 일자리를 지키기 위해 노력하라.

해리 덴트의 의견은 기본적으로 10년의 경제 겨울(디플레이션 시대)을 견디며 경제의 새싹이 돋아나는 봄(경제 회복기)에 대비하기 위한 생존법이라고 할 수 있다.

내 생각에는 우리 국민의 상당수가 고성장에서 저성장 시대로의 전환을 맞아 투자 방향에 혼란을 겪고 있는 것으로 보인다. 혼란스러울수록 가장 중요한 것은 기본(펀더멘털)에 충실하는 것이다. 전문가들의 이야기를 종합하면 저성장 시대에 돈을 버는 가장 확실한 방법은 돈을 잃지 않도록 관리하는 것, 다시 말하면 절약과 관리가 가장 중요하다.

야구로 치면 배트를 짧게 잡고(기대수익률을 낮추고) 정확한 스윙을 해야 안타를 칠 수 있다. 저금리 시대에는 세금이 투자수익률에 많은 영향을 미치므로 절세 상품과 절세 투자에도 관심을 기울일 필요가 있다.

스마트폰 일등 국가의 빛과 그림자

**스마트폰 중독 현상이 가져올
미래 세대의 각종 부작용에 대비 나서야**

미국의 시장조사업체인 스트래티지 애널리틱스(SA)의 2013년 7월 발표에 의하면 2013년 2분기 삼성전자의 스마트폰 세계 시장 점유율은 33.1%로 2위 업체인 애플(13.6%)보다 두배 이상 높았다. 3위인 LG전자의 점유율(5.3%)까지 합치면 세계 스마트폰 시장의 40% 가까이를 한국 업체들이 차지하는 쾌거를 이루었다.

스마트폰 시장에서의 눈부신 활약에 힘입어 삼성전자의 2013년 분기별 영업이익은 10조 원에 육박하고, 2013년 2분기 국내 경제성장률도 그동안 주력 수출 업종인 조선, 철강 등의 부진으로 계속 0%대에 머물다가 모처럼 1.1%라는 기대 이상의 성과를 거둘 수 있게 되었다.

국내 스마트폰 보급률도 세계에서 가장 빠른 속도로 상승하여

2012년 처음으로 세계 1위인 67.6%를 기록했다. 세계 평균 보급률인 14.8%에 비해 무려 4.6배나 높은 수치이다. 국내 스마트폰 가입자 수가 3556만 명에 이른다.

스마트폰을 다룰 수 없는 유아, 아동이나 초고령자를 제외하고는 국민 대다수가 스마트폰을 생활필수품으로 갖고 있다는 이야기다. 통계를 새삼 들먹이지 않더라도 우리 주변을 둘러보면 지하철, 커피숍, 음식점, 길거리 어디에서든 스마트폰을 쥐고 몰입하고 있는 사람들을 볼 수 있다. 이제 스마트폰은 잠자는 시간을 제외하고는 한국인의 일상생활에서 한시도 뗄 수 없는 연인보다 더 가까운 존재가 되었다 해도 과언이 아니다.

스마트폰은 편리함과 신속함으로 인해 역동적이고 진취적인 대한민국의 국민성과 궁합이 잘 맞고 지식정보화시대에 국가경쟁력을 높이는 데에도 기여하고 있다. 스마트폰 수출은 단순히 하드웨어 기기 수출에 그치지 않고 SNS시대를 맞아 한류 문화 확산과 한국의 국가 브랜드를 한 단계 업그레이드 하는 부수효과까지 가져오고 있다.

하지만 스마트폰 일등 국가의 부작용도 만만치 않다. 최근 교육부 조사결과에 의하면 국내 초중고생의 70%가 스마트폰을 보유하고 있는데, 청소년기부터 스마트폰 중독에 따른 학업능률 저하는 물론이고 우울증, 주의력결핍장애(ADHD)와 같은 정신장애도 급속히 늘고 있다고 한다.

이용요금이 비싼 스마트폰 보급이 급속히 확대되면서 가계의 통신비 지출이 월평균 15만 원을 훌쩍 넘겨 서민의 허리를 휘게 하고 있다.

국내 이동통신 3사의 한해 매출액이 50조 원에 달할 만큼 국민소득에서 통신비 지출이 차지하는 비중이 막대하다. 하지만 통신 3사는 통신료 인하보다 매출 확대에만 혈안이 되어 판촉비를 물 쓰듯 쓰고 있다.

오늘날 세상은 스마트폰 확산으로 소셜미디어(SNS)가 지배하는 시대라고 해도 과언이 아니다. 2013년 중 전 세계 페이스북 가입자가 10억 명을 돌파할 것이라고 한다. 인터넷 이용자 수도 6억 명에 육박할 것으로 보인다.

전 세계 인구의 35% 이상이 네트워크를 통해 항상 하나로 묶여 있다는 뜻이다. 소셜미디어는 다양한 정보의 신속한 공유를 통해 개인의 삶과 인간이 만든 각종 체제와 제도를 혁신적으로 변화시킨다.

그러나 한편으로는 스마트폰이라는 기계에 구속되어 끌려 다니는 스테레오 타입의 인간형만 양산시킬 우려도 있다. 특히 스마트폰 중독 현상이 가져올 미래 세대의 인간관계 단절, 창의성 상실, 정신 장애 등 각종 부작용은 결코 간과되어서는 안 될 부분이다.

최근 미국에서 SNS를 많이 할수록 불행해진다는 연구 결과가 나와 충격을 주었다. 지금부터라도 스마트폰 일등 국가의 빛에 가려 소홀히 취급되고 있는 여러 부작용에 대한 개선 노력에 박차를 가해야 할 것이다.

성공하는 경제를 위한
10가지 제언

공직 생활 30여 년을 뒤돌아보면 성공한 정책이나 행정도 많았지만 실패나 아쉬움을 남긴 사례도 적지 않았던 것 같다. 매 순간 최선을 다하기 위해 노력했지만 시대적 상황이나 대내외 여건, 낡은 제도와 관행의 벽을 넘어서지 못하고 한계에 부딪힌 적도 있었다. 그러나 무엇보다 아쉬운 것은 유사한 실패를 되풀이했다는 사실이다. 금융 분야만 하더라도 1998년 외환위기와 2002년 카드사태, 2008년 글로벌 금융위기, 2011년 저축은행사태 등도 조금만 더 선제적으로 대응했거나 과거의 실패에서 교훈을 얻었더라면 피해를 줄이거나 막을 수 있었다고 본다. 우리는 때론 나무만 보고 숲을 보지 못했고, 눈앞의 문제에만 매몰되었으며, 너무 서두른 나머지 국민의 공감을 사전에 구하지 못했던 점도 있었을 것이다. 성공한 경제를 만들기 위해서는 이와 같은 잘못을 반복하지 않도록 부단히 노력해야 한다.

기본에 충실하자

**단기성과에 치우쳐 환율이나 금리, 재정정책에
지나치게 의존하는 것은 피해야**

시장경제 체제에서는 때론 인플레이션이나 디플레이션, 혹은 시장 실패가 부분적으로 발생할 때가 많다. 정부는 경기 조절이나 시장 실패를 보완하기 위해 금리 · 환율 · 재정 등 거시정책 수단이나 행정 규제를 통해 시장에 개입하게 된다.

그러나 정부의 개입은 경기의 변동 폭을 줄이고 시장의 실패를 보완하는 선에서 최소화되어야 바람직하다. 어느 정도 목적을 달성하면 원래 자리로 돌아가 시장 메커니즘이 다시 작동하도록 해야 한다. 그런데 과거의 사례를 보면 한시적, 제한적이어야 할 정부의 경기 대응 정책이나 시장 개입이 성장 촉진제처럼 사용되거나 상시적으로 이루어짐으로써 많은 부작용을 낳기도 했다.

예를 들어 우리 경제가 당면한 성장 문제를 보자. 경제이론에 의하면 경제성장은 자본과 노동의 양, 기술 수준에 따라 결정된다. 우리 경제는 글로벌 금융위기 이후 잠재성장률이 3%대 후반까지 추락했다. 더구나 지난 몇 년 동안에는 실제 성장률은 잠재성장률에도 못 미치는 2%대 후반을 맴돌았다.

성장률을 근본적으로 높이려면 성장잠재력을 키워야 하는데 그것은 자본, 노동, 기술이라는 생산요소를 변화시켜야만 가능하다. 자본은 투자와 밀접한 연관성이 있다. 국내 저축률을 높이고 외자(FDI)를 유치하기 위한 노력이 있어야 투자 확대가 가능하다.

하지만 최근의 상황을 보면 정반대로 가고 있는 느낌이다. 지난 10년간 내국인의 해외 직접투자가 외국인의 국내 직접투자 보다 3.7배나 많을 정도로 자본의 순유출이 심각하다. 국내 산업의 공동화 현상과 더불어 일자리 창출에 많은 어려움을 초래하고 있다. 가계저축률도 외환위기 직전까지만 해도 OECD 국가 중 가장 높은 수준이었으나 지금은 OECD 국가 평균에도 못 미치는 5% 미만의 초라한 성적을 기록하고 있다.

노동 부문에서는 근로자의 교육 수준과 숙련도 향상, 여성인력 활용도 제고 등을 통한 가용 노동인력 확대, 노동시장의 유연성 확대를 통한 노동생산성 향상이 이루어져야 한다. 기술 측면에서는 과학기술 육성과 생산기술 향상 등을 통해 새로운 성장동력을 발굴하고 제품의 부가가치를 높여야 한다.

생산요소의 이러한 변화는 금리나 환율, 재정 등 거시정책 수단만으론 가능하지 않다. 거시정책 수단에만 의존해 성장 확대를 도모할 경우 일시적인 효과는 볼 수 있을지 모르나 중장기적으로는 성장의 효과가 사라지고 재정적자 확대, 물가 상승, 부동산 거품 등 부작용이 초래된다는 사실을 국내외 경험을 통해 알 수 있다.

따라서 성장률을 높이는 데 있어 다소 시간이 걸리더라도 기본에 충실하게 성장잠재력을 배양하는 정책을 구사할 필요가 있다. 단기 성과에 치우쳐 환율이나 금리, 재정정책에 지나치게 의존하는 것은 경계해야 한다는 얘기다. 경기 대응을 위해 환율, 금리, 재정정책을 활용하더라도 그 목적은 경기변동성 축소에 두어야 한다. 그리고 목적이 달성되면, 다시 말하면 실제 성장률이 잠재성장률에 근접하면 바로 출구전략을 세워야 한다.

시장 실패를 보완하기 위한 정부 개입도 한시적이고 최소한에 그쳐야 하며, 시장 실패를 빌미로 다른 분야에까지 새로운 규제를 도입하거나 시장이 정상을 회복했음에도 시장 개입을 계속하는 것은 바람직하지 않다. 또 다른 예로 일자리 창출을 들어보자. 그동안 역대 정부에서 실업대책으로 공공근로 확대나 공기업과 기업의 인턴 채용 확대, 주택 및 건설투자 확대, 기업의 설비투자 확대, 수출 증대 등을 관행적으로 추진해 왔다.

그러나 계속된 투자와 수출 증대에도 불구하고 일자리 부족문제가 지속적으로 심화되는 것은 고용 없는 성장구조에 근본 원인이 있다. 우리 경제는 1990년대까지는 투자가 늘고 경제가 성장하면 일자리가 늘어났으나 2000년대 들어 고용유발계수(생산액당 피고용자수)가 지속적으로 낮아지고 있다.

특히 제조업의 경우 자본 및 기술집약적 산업으로의 이행에 따라 고용유발계수는 2000년 4.4명(명/10억 원)에서 2011년 1.9명으로 감소했다. 미국, 일본, 독일 등 선진국보다 낮은 수준이다. 서비스업의 고용유발계수도 제조업보다는 양호하지만 2000년 11.7명에서 2011년 8.0명으로 감소했다.

이처럼 우리 경제의 일자리 창출능력 약화는 산업구조 고도화의 산물이기도 하지만 원자재와 부품의 해외수입 비중이 높은 취약한 경제구조에 기인한다. 이에 따라 우리나라 수출의 부가가치 유발계수는 일본이나 독일보다 낮고 수출의 일자리 창출 효과도 소비나 투자 등 내수에 비해 상당히 적다.

설령 환율 상승 등으로 수출이 증가해서 성장률 등 경제지표는 개선되더라도 내수가 위축되어 오히려 고용상황은 악화될 수 있는 것이다. 정부의 경제정책의 최우선 목표를 일자리 창출에 둔다면 정부의 대응도 이러한 경제구조 변화에 따라 달라져야 한다. 그동안 일자리 창출 효과가 별로 없거나 오히려 일자리를 감소시키는 정책들이 사회분위기나 정치적 필요에 따라 관행적으로 추진되는 경우가 많았다.

따라서 앞으로는 모든 정책에 대해 일자리 증감에 미치는 영향을 객관적으로 평가하여 검증 후 추진토록 할 필요가 있다. 또한 기업에 대한 세제지원 등 정부지원도 단순한 투자확대나 수출증대보다 국내 일자리 창출 기여도에 따라 평가함이 바람직하다.

균형감각을 유지하자

**수출과 내수, 건전성 감독과 소비자 보호를
균형 있게 추진해 나가야**

우리 경제는 오랜 기간 수출 대기업 위주의 고도성장 정책을 추진하는 과정에서 양극화가 심화되었다. 양극화 현상은 외환위기와 글로벌 금융위기를 겪으면서 완화되기는커녕, 도리어 심화되고 있다.

수출기업과 내수기업, 대기업과 중소기업, 정규직과 비정규직, 제조업과 서비스업, 수도권과 지방 등 여러 분야에서 드러나고 있는 양극화 현상은 정부 정책이 요인이 되기도 했다. 일례로 2008년 초 환율의 급격한 상승을 유도한 정책은 당시 국내 외환부문의 취약성을 보완하기 위한 목적이 있었다 하더라도 수출 대기업에는 수익을 안겨준 반면 물가 상승과 내수 침체로 양극화의 골을 깊게 한 측면이 있다.

우리 경제는 무역 의존도가 100%에 달하고 내수 위축으로 수출의 성장기여도가 갈수록 높아지고 있는 반면 수출의 부가가치나 일자리 창출 효과는 계속 낮아져 수출증가가 대다수 국민의 체감경기 개선으로 이어지지 못하고 있다. 따라서 지나치게 수출에 의존하는 불균형한 경제 운용은 우리 경제의 위험도를 증가시킬 수 있으므로 내수와 수출의 균형 있는 성장을 도모하는 방향으로 경제정책을 구사할 필요가 있다.

금융정책이나 감독 면에서도 1998년 외환위기의 트라우마로 금융당국이 건전성 감독에 치우쳐 소비자 보호가 소홀해진 측면이 있다. 저축은행 사태는 건전성과 시장 안정 위주에서 소비자보호 위주로 감독과 정책의 균형 있는 변화를 요구하고 있다.

한편 정부정책의 불균형이 발생하는 가장 큰 이유는 정책수립이나 감독과정에서 정보수집이나 의견수렴이 균형 있게 이루어지지 못한데 기인한다. 특히 정부의 영향력이 큰 통신, 금융 등 규제산업일수록 불특정 다수인 소비자의 의견보다 소수인 공급자(허가업체)가 제공한 자료나 정보에 의존하여 균형감 있는 정책결정이 이루어지지 못한 경우가 많다.

이는 각 분야별로 소비자의 이익을 연구 · 분석하고 정부를 감시하는 전문기관이나 단체가 부족하여 정부나 감독기관이 사업자 단체나 기업 측의 정보나 자료에 의존하는 경향이 많기 때문이다.

실패에서 교훈을 얻자

국가적 위기관리 시스템 구축해 선제적인 대응에 나서야

위 기는 자연재해처럼 어느 날 갑자기 찾아오지 않는다. 위기가
최초로 잉태되어 자라고 실현되기까지 시간이 걸릴 뿐 아니
라 간간이 위험신호를 보낸다. 기업이나 금융회사들이 겪는 위기와
마찬가지로 국가적인 경제위기나 금융위기도 유사한 과정을 밟아
생성되고 소멸한다.

외환위기, 신용카드 사태, 저축은행 사태 등도 하루아침에 발생한
것이 아닌 만큼 모니터링 시스템이나 선제적인 위기관리 시스템이
가동되었다면 피해를 줄이거나 예방할 수 있었다고 본다. 저축은행
사태에서 보듯 비슷한 유형의 금융, 기업부실 사태가 반복되는 것은
근본적으로 시스템을 개혁하지 못했기 때문이다.

폭풍이 몰아치고 나면 근본적인 제도 개혁은 미루어지고 미봉책으로 땜질을 하기 때문에 재발하는 경우가 종종 발생한다. 저축은행 사태만 하더라도 발생 원인으로 지목돼 온 예금보장 한도나 은행명칭 사용 문제, 건전성 감독기준 문제 등 근본적인 문제 개선은 저축은행의 어려운 업황 여건으로 흐지부지되는 느낌이다.

반면에 실패를 교훈삼아 선제적으로 위기에 잘 대처한 경우도 있다. 2008년 글로벌 금융위기 초반 우리나라는 금융위기의 진원지가 아님에도 은행의 높은 예대율과 외화자금 관리의 미숙으로 외국인 투자가들로부터 불신을 받아 주가가 폭락하고 환율이 급등하는 등 한바탕 홍역을 치렀다.

이후 외국인 투자자 및 국제금융기구들과의 정기적인 컨퍼런스콜과 설명회 등을 개최하여 오해와 불신을 해소하고 한·미, 한·중, 한·일간 통화스와프 체결, 예대율 인하와 단기외채축소 등의 조치를 취함으로써 국내 금융시장이 다시 신뢰를 찾고 안정화될 수 있었다.

이 사례를 교훈삼아 2년 후 유럽 재정위기가 발생할 조짐을 보일 때 금융당국이 선제적으로 은행으로 하여금 장기 외화유동성을 확보토록 하는 등의 조치를 취하여 다른 나라에 비해 국내 금융시장이 안정될 수 있었다. 우리나라는 무역의존도나 금융시장의 대외개방도가 높아 세계경제나 금융시장의 변화에 충격을 많이 받는 구조적 특성을 갖고 있다. 따라서 항상 제2의 위기 가능성과 같은 최악의 시나리오에 대비한 위기관리 시스템을 선제적으로 마련할 필요가 있다.

최근 미국의 양적완화 축소 움직임과 관련해 신흥국들이 금융위기를 겪고 있는 것과는 대조적으로 한국은 견실한 경상수지 흑자와 비교적 안정적인 재정건전성, 단기외채 비중 축소와 외환보유액 확충 등으로 외국인 투자자들과 외신들로부터 찬사를 받고 있다.

외국인 투자자들이 '바이 코리아'(Buy Korea) 열풍으로 연일 한국 주식을 매입하고 있는 상황에서 제2의 위기가능성을 거론하는 것은 뜬금없는 이야기처럼 비칠 수도 있다. 하지만 외국인들이 찬사를 보내는 경상수지 흑자기조나 견실한 재정건전성은 상황에 따라 언제든지 바뀔 수 있다.

삼성이나 현대차그룹 등 대기업집단들이 전체 수출에서 차지하는 비중이 70%를 상회하는 상황에서 이들의 수출경쟁력이 약화되면 경상수지 흑자기조가 급변할 수 있다. 현재 GDP의 36% 수준인 국가채무 비율도 내년부터 새롭게 강화되는 유엔의 국민계정 체계에 따라 공기업 부채를 국가채무에 포함하면 국가채무 규모는 GDP의 70%를 상회하는 1000조 원에 육박한다. 재정건전성의 신화가 사라지게 되는 것이다.

게다가 우리나라의 국가채무 증가 속도는 글로벌 금융위기를 거치면서 우려스러울 정도로 가파르다. 저성장, 고령화로 인한 복지나 사회안전망 확충 수요로 재정적자가 급속히 확대될 수 있어 내년에 새로운 국가채무 통계 발표를 계기로 재정건전성에 대한 우려가 증폭될 수 있다.

이와 함께 경제 규모에 비해 과도한 가계 및 기업 부채, 그리고 이들 부채의 부실 증대 가능성도 우리 경제의 잠재 리스크를 키우는 요인으로 지목되고 있다. 외국으로부터 좋은 평가를 받고 있고 관리가 가능한 지금부터 국가 총부채 관리와 경상수지 흑자 기조 유지를 위한 국가적 위기관리 시스템을 구축하여 선제적으로 대응해 나갈 필요가 있다.

외환위기 당시 위기가 눈앞에 닥칠 때까지 많은 고위 당국자들은 우리 경제의 기초체력이 튼튼하다고 호언장담했지만 위기가 막상 도래하자 호미로 막을 것을 가래로도 막을 수 없었던 쓰라린 경험을 한 바 있다. 외환위기와 글로벌 금융위기에서 경험했듯이 국제 투기세력은 언제든 허점을 보이는 국가를 공격한다.

한국은 유럽연합(EU)처럼 거대 경제권도 아니고 일본처럼 자국 내의 국채 소화 능력도 없을 뿐더러 미국이나 영국처럼 기축통화를 보유한 것도 아니다. 대외의존도와 자본시장 개방도가 높은 탓에 언제든지 투기세력의 표적이 될 수 있다.

현재 우리나라가 보유한 외환보유액(3300억 달러)도 단기외채 규모나 외국인이 보유한 국내 주식 및 채권 규모, 유사시 쌓아두어야 할 3개월치 경상수입액을 감안하면 결코 넉넉한 수준은 아니다. 항상 최악의 상황에 대비하여 방어벽을 튼튼히 쌓아두는 것만이 최선의 방책임을 과거의 경험을 통해 깨달아야 한다.

현장에 답이 있다

새로운 정책 발표와 기존 정책 변경 때는
항상 현장의 의견을 수렴한다

경제정책이나 금융 감독에 실패가 발생하는 사례를 분석해 보면 현장의 실패를 눈여겨보지 않았거나 현장의 목소리를 제대로 반영하지 않아 일을 당하는 경우가 대부분이다.

저축은행 사태를 보면 감독기관이 검사를 통해 저축은행의 문제를 정확히 파악하지 못했다. 그에 따라 정책당국도 적기에 적절한 대책이나 제도 개선 등 대응에 나서지 못했던 것이다. 이런 불행한 사태를 방지하기 위해선 집행기관과 정책부서간의 원활한 '피드백' (feed back)이 정책 성공에 무엇보다 중요하다.

대부분의 정책 실패는 현장 부서와 정책 부서간의 연계고리가 느슨하고, 그로 인해 양측간의 소통이 제대로 이루어지지 않을 때 발생한다. 정책부서는 새로운 발표나 기존 정책을 변경할 때 항상 현장의 의견과 반응을 수렴하고, 정책집행 일선기관의 수용 여건이나 집행능력을 염두에 두고 정책을 디자인해야 한다. 특히 정책집행 일선기관이 선거로 기관장을 뽑는 지자체인 점을 감안하여 사전에 이들 기관과의 소통과 협조를 게을리 해선 안 된다.

정책실패의 많은 부분이 정책수요자의 인식부족, 수용태세 미비, 집행기관의 이해와 준비 부족에 기인한 만큼 민간 기업처럼 사전 시장조사, 정책수요자 성향조사, 정책에 대한 인지도 조사 등을 전문기관에 의뢰한 후 결과를 토대로 정책을 마련하는 것이 정책성공의 가능성을 높인다.

정책발표 후에는 반드시 효과를 점검·분석하여 다음 정책을 수립하거나 정책을 수정할 때 참고토록 해야 한다. 예를 들어, 농어촌 지원이나 장애인 지원의 경우 세제나 예산 면에서 지원 종류만도 십여 가지가 넘어서 중복지원 되는 경우가 많고, 일선 행정기관에서 관리하기조차 어려워 국가재원이 낭비되거나 오용되는 사례가 많았다.

따라서 이런 경우 집행기관의 행정능력을 감안하여 여러 종류의 지원을 수요자 맞춤형으로 1~2개로 단순화하는 작업을 추진한다면 예산낭비도 막고 수요자의 만족도도 높일 수 있다고 본다.

정책 실패를 줄이려면 전면적으로 시행하기에 앞서 먼저 시범 운영을 해보고, 그 결과에 따라 일부 지역을 대상으로 먼저 실시한 뒤 점진적으로 확대해나가는 것이 바람직하다.

정책 추진에는 타이밍이 중요하다

정책 시행 때는 효과가 나타날 시점을 정확히 파악하는 게 중요

금리나 세제 등 한국은행 혹은 정부가 발표하거나 단행하는 많은 정책들은 정책의 실질효과가 나타나는 '시차'(time lag)를 감안하여 추진해야 기대한 성과를 거둘 수 있다. 금리정책의 시차는 짧게는 6개월, 길게는 1년 이상인 점을 감안할 때 금리 인하나 인상의 타이밍(timing)을 놓칠 경우 오히려 역작용이 발생할 수 있다.

최근 10년간 한은의 금리 정책을 분석해 보면 타이밍을 놓쳐 정책의 효과가 없거나 역작용이 발생한 경우도 있었다. 세제 개편은 대책발표 후 법안 제·개정과 국회통과라는 과정을 거쳐야 하므로 정책의 효과가 언제 나타날지 가늠하기 어렵다. 때론 시간이 상당히 지체되어 통과된 시점에는 이미 경제상황이 바뀌어 역작용이 초래될 수도 있다.

예를 들면 노무현 정부 시절 부동산 투기 억제를 위한 세제 강화는 2008년부터 시작된 글로벌 금융위기와 내수 침체로 부동산시장 침체를 가속화시키는 부작용을 초래했다. 부동산 거래 활성화를 위한 다주택자 양도세중과 폐지 등 각종 대책은 법안이 국회에 묶여 있어 정책 효과를 거두지 못하고 있다.

따라서 정부는 대책을 발표할 때 언제까지 시행되어야 효과가 나타날 수 있다는 식으로 유효기간을 명시하고, 늦으면 어떤 피해가 예상되는지를 상세히 기술하여 적기 대응이 이루어지도록 할 필요가 있다.

한편 역대 정부에서는 주택정책을 주거안정보다 경기가 나쁠 때 부동산 경기활성화를 통한 경기부양 수단으로 활용해 온 경우도 있었다. 그러나 주택은 일반 상품과 달리 부지확보나 인허가, 건설 등 공급이 늘어나는 데 많은 시간이 걸려 가격이 오를 때는 가격안정에 기여하지 못하고 오히려 가격이 내릴 때 미분양 사태 등으로 시장침체를 부추기는 부작용을 초래했음을 감안해야 한다.

중장기 대책을 세운다

**당면한 위기관리에 급급하면 큰 문제에 대응할 시기 놓쳐
장기적인 국가과제는 정권 초부터 계획 세워 추진해야**

글로벌 금융위기 이후 기업이나 정부의 정책 대응 호흡이 갈수록 짧아지고 있다. 기업이나 금융회사의 경우(특히 오너십이 약한 회사) 단기 성과목표에 집착한 나머지 미래의 성장동력 발굴을 위한 중장기 투자에는 소홀한 분위기가 퍼져 있다.

정부도 위기의 상시화로 인해 당면한 위기관리에 급급한 실정이다. 그 결과 우리 경제의 미래에 대한 긴 호흡의 중장기 대응은 눈에 띄지 않는다. 이명박 정부는 출범 초부터 몰아닥친 리먼사태 등 글로벌 금융위기와 소고기 파동의 여파로 위기관리에 급급한 나머지 우리 경제의 성장잠재력 확충이나 고령화 사회에 대비한 사회안전망 확충 등 중장기적 시각에서 마스터플랜을 수립할 겨를이 없었다.

그 이전인 노무현 정부도 출범 초기 북핵문제나 SK글로벌 사태 등으로 금융시장이 극도로 불안했고 곧 이어진 대통령 탄핵사태와 부동산가격 폭등으로 눈앞에 닥친 현안문제 해결에 많은 시간을 허비한 탓에 장기과제는 뒤로 미루어질 수밖에 없었다. 그나마 2006년 하반기에 가서야 '비전 2030'이라는 국가 장기 종합계획을 수립하였으나 정권 후반기에 추진동력을 상실했고, 이명박 정부 들어 유야무야되고 말았다.

박근혜 정부가 당면하고 있는 문제들, 예를 들면 전력대란 문제, 자영업자 문제, 서비스산업 경쟁력과 성장잠재력 약화, 사회안전망 미비 등은 이미 5년 전 또는 10년 전부터 계획을 수립하고 추진했어야 할 과제들인데 적기 대응시기를 놓쳐 문제 해결이 더 어렵게 된 경우다.

마찬가지로 저성장, 고령화, 국가부채 문제는 지금부터라도 현 정부가 중장기 계획을 세워서 추진하지 않으면 다음 정부에서 심각한 상황에 직면할 수 있다. 이런 사실을 명심하고 장기적인 국가과제는 정권 초기부터 중장기 전략을 세워서 대응해 나가야 한다. 역사에는 단절이 없듯이 국가의 정책이나 전략도 5년 단위의 정권에 관계없이 백년대계를 내다보고 설계되어야 하며 좋은 정책이나 전략은 계승되고 발전되어야 한다.

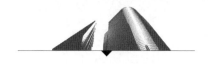

여론의 지원을 받아라

세제나 금융, 복지제도 개선 등 여론의 지지 없인 성공 못해

정 책 실패의 많은 부문은 정책의 내용 문제보다 언론을 통한 국민적 공감대 조성에 실패해서 그렇게 되는 경우가 많다. 예를 들어, 2005년에 추진했던 소주세율 인상의 사례를 보자. 소주세율 인상의 당위성인 국민건강 보호나 술로 인한 각종 사회적 피해 사례 등에 대한 사전 여론 조성이 이루어지지 않은 상태에서 일을 추진하다 실패하고 말았다. 세수보전을 위해 급히 추진하다 여론의 역풍을 맞은 것이다.

반면에 2011년에 추진했던 자동차보험제도 개선의 경우 자동차보험제도를 둘러싸고 우리 사회 전반에 만연된 여러 유형의 도덕적 해이 사례나 보험사기 내용을 관련 단체와 협력하여 사전에 언론에 소상히 알림으로써 제도 개선에 대한 국민적 공감대를 얻었다. 그래서 큰 저항 없이 수월하게 제도 개선이 이루어질 수 있었다.

2013년 논란을 불러일으킨 근로소득세제 개편이나 노인기초연금 확대 과정에서 발생한 여론의 반발도 언론을 통한 사전 공감대 형성이 미흡했기 때문이라고 생각한다. 세제나 금융, 복지제도 개선 등 국민 다수의 이해와 재산에 영향을 미치는 사안은 더 신중을 기해야 한다. 대책 발표 전에 현행 제도의 문제점과 실태를 권위 있는 연구기관의 객관적 분석자료나 설문조사 결과 등을 토대로 '지금 제도가 어떤 문제가 있고 왜 고쳐야 하며, 개선을 통해 어떤 혜택이 돌아갈 수 있는지' 사전에 언론을 통해 충분히 알려 제도 개선의 당위성에 대한 분위기를 충분히 조성한 후 대책을 발표해야 여론의 저항 없이 의도한 성과를 거둘 수 있다.

최근에는 트위터나 페이스북, 카카오톡과 같은 SNS를 통한 여론 형성이 젊은층뿐 아니라 중장년층에까지 널리 확산되고 있는 점을 감안하여 온라인을 통한 여론조성에도 많은 재원과 노력을 투입해야 한다. 또한 여론조사 기관을 활용하여 주요 정책별로 정책 수요자인 여론의 반응을 꾸준히 모니터링 할 필요도 있다.

한편, 과거 방폐장 건설이나 사폐산 터널 건설, 천성산 도롱뇽 사건, 제주강정마을 해군기지 건설, 그리고 최근 밀양의 송전탑 건설에서 보듯이 국책사업과 관련한 님비현상에서 오는 갈등은 비록 시간이 걸려 해결이 되더라도 갈등으로 인한 공사지연과 이로 인한 국가적 손실을 소상히 기록으로 남겨 유사한 사안이 발생할 때 국민 공감대를 형성할 소중한 자료로 활용할 필요가 있다.

투자심리 살리려면
불확실성을 줄여라
정확한 예측 전제돼야 안정적인 투자 가능해

대다수의 기업인들은 투자를 결정하거나 경영에 있어서 가장 큰 어려움이 환율이나 금리 등 거시지표의 변동성 증대와 정부 대책의 불확실성이라고 말한다. 실례로 환율변동성에 그대로 노출됐던 많은 중소기업들이 환손실을 입었고, 외환위기 직후 IMF의 권고에 따른 고금리 정책으로 많은 기업들이 무너지거나 고통을 겪었다.

현 정부 들어서도 경제민주화 바람에 편승한 각종 기업규제 법안이 양산되고 지하경제 양성화, 세수 확보를 위한 세무조사 강화, 그리고 검찰수사 등으로 불확실성이 증대되어 기업인들의 투자 심리는 극도로 위축되어 있다.

우리나라에 투자하려는 외국인 투자자들도 제도보다 집행기관이나 감독당국의 규범화되지 않은 정책운영의 불투명성에 더 큰 불만을 보이고 있는 것으로 나타났다. 게다가 저축은행 사태에서 보듯이 어떤 문제가 발생하면 냉철하게 객관적으로 잘잘못을 따지기보다는 포퓰리즘 분위기에 편승하여 즉흥적인 규제강화가 범람하는 것도 경제의 불확실성을 증대시키는 요인이다.

정부의 정책발표에서도 기준이 모호하거나 중요사항을 하위규정에 미루거나 시행시기를 분명하게 하지 않아 불확실성이 발생하는 경우도 많다. 일례로 정부와 새누리당은 주택취득세 영구 인하시점을 정책발표일인 2013년 8월 28일 이후로 소급적용하는 방안을 추진하고 있다. 그런데, 당초 정부 발표 시에 국회와 사전 합의하여 시행시기를 명확히 했다면 그동안 시행시기의 불확실성으로 인한 주택거래위축 문제를 해소할 수 있었지 않았나 하는 아쉬움이 든다.

경제가 안정적인 성장을 지속하기 위해서는 경제 주체들이 정확한 예측을 토대로 투자가 가능하게 환율·금리 등 거시변수의 변동성이 최소화되도록 하는 게 중요하다. 이와 함께 경제 외적인 변수의 불확실성도 함께 줄이도록 노력해야 한다.

정확한 통계에서
정확한 진단과 처방이 나온다

통계 신뢰도 높아져야 제대로 된 정책 시행 가능

현실과 괴리되는 대부분의 정책들은 일차적으로 현실과 맞지 않은 통계에 기인한다. 우리나라는 실업과 물가, 부동산의 통계가 현실과 상당히 동떨어진 것으로 지적되고 있다.

예를 들면 2000년대 들어 정부가 공식 발표하는 실업률은 항상 3%대 수준에 머물렀다. 이는 유럽에서 경제성장이 가장 활발한 독일의 절반에도 미치지 못하는 수준으로, 유럽의 시각으로 보자면 거의 완전고용에 가깝다. 하지만 한국에서는 어떤 학자나 정책당국자도 완전고용 상태라고 생각하지 않는다. 오히려 '이태백' '사오정' '오륙도'라는 말이 성행할 정도로 우리나라의 실업 문제는 심각하다.

체감실업과 실업률의 괴리가 큰 것은 농림어업이나 자영업의 비중이 높은 취업 구조나 고용 관행의 특수성, 실업급여와 같은 사회안전망과 보육시설 미비 등이 복합적으로 작용한 결과다.

부동산 관련 통계나 물가통계도 문제가 많다. 우리나라 부동산 가격정보의 많은 부분은 부동산 중개업소의 호가와 거래예상 금액을 기초로 작성된다. 이렇게 만들어지는 부동산 가격은 시장 상황이나 중개업소의 이해관계에 따라 얼마든지 왜곡될 수 있기 때문에 현실과 거리가 클 수밖에 없는 것이다.

일례로 강남의 일부 고급 아파트 단지에서는 주민들의 담합이나 중개업소와의 협의로 호가를 조절하고 있다는 이야기도 들린다. 우리나라의 대표적인 주택가격 지수인 매매가격 지수와 전세가격 지수를 발표하는 국민은행(KB)은 일반 상업은행이어서 정부가 통계의 지속적인 개발이나 신뢰도를 감시하거나 요구하기가 어렵다.

주택가격 정보 외에 주택소유나 임대 현황도 정책 당국자에게는 매우 중요한 통계이지만 신뢰성을 담보하기 어려운 실정이다. 물가통계도 정부의 인위적인 공공요금 인상 억제와 현실성이 떨어진 소비자 물가지수 구성으로 체감 물가와의 괴리가 크다.

최근 현대경제연구원이 조사한 2013년 상반기 체감물가상승률은 5.4%로 통계청이 발표한 소비자물가상승률 1.3%의 4배 이상이다. 이처럼 정책입안의 기초자료가 되는 통계가 부실하고 신뢰도가 떨어지면 정책당국이 정확한 진단이나 처방을 내리기 어렵다. 제대로 된 정책이 시행되기 위해서는 선진국처럼 통계에 대한 신뢰도를 높이는 일이 시급하다.

부처간 장벽부터 없애라

경제부처와 비경제 부처간 과감한 인사 교류로 물꼬 터야

내 경험에 비춰 보면 어떤 정책이 실패하는 것은 상하 또는 수평간 소통 부족과 상급자의 독선에 기인하는 경우가 많다. 우선 실무단계에서는 다양한 경로를 통한 정보 수집과 실태파악이 무엇보다 중요하다. 이를 위해 평상시 이해관계 집단과의 네트워크를 가동해서 소통을 원활히 해둘 필요가 있다.

그리고 실무단계에서 만든 정책안은 최고 결정권자에게 보고되는 중간과정에서 수정될 수 있는데, 중간단계에서 상급자의 독선으로 인한 폐단을 막으려면 보고 단계마다 자기 의견을 기재하는 방식(단계별 정책실명제)이 가장 바람직하다. 하지만 우리와 같은 관료사회 풍토에서 이런 방안이 잘 활용될 수 있을지는 의문이다.

부처 내 관련 국간의 협조나 유관기관간의 협조도 정책 성공을 위해 중요하다. 그러나 그동안의 경험으로 보면 부서 이기주의로 인해 부처 내 국간의 협조와 유관 부처간의 협조가 대단히 어려운 것이 현실이다. 이로 인해 정책발표 후에도 부처간 정책 혼선이 발생하고, 그 때문에 정책의 신뢰도 저하로 귀결되는 사례도 종종 있었다.

최근 이슈가 되고 있는 주요 정책 과제들은 대부분 해당 부처 혼자서 해결할 사안이 아니고, 다수의 부처가 관련된 사안이 대부분이다. 따라서 정책의 성공을 위해서는 부처간의 수평적 협업이 무엇보다도 필요하다.

예를 들어, 박근혜 정부가 역점을 두는 창조경제 문제만 하더라도 여러 부처간의 협조 없이는 활성화되기 어렵고, 서비스업 규제완화도 경제부처와 비경제 부처 사이에 그동안 많은 시각차가 있어 제대로 추진되지 못하였다. 이러한 문제를 해결하는 방안의 하나로 경제부처와 비경제 부처간의 과감한 인사교류를 시행하고, 사안에 따라, 청와대에 한시적으로 태스크 포스팀을 구성하여 과제를 해결하는 방안도 고려해 볼 필요가 있다고 본다.